鉄客商売

JR九州大躍進の極意

JR九州・会長
唐池《からいけ》恒二《こうじ》

PHP

まえがき

そもそも、なぜこの本を出版する気になったのか。

二〇一三年一〇月、ななつ星の運行が始まった。

「日本初のクルーズトレイン!!」

「世界でもトップレベルの豪華な寝台列車!!」

「富裕層をターゲットにした新しいビジネスモデルの登場!!」

「鉄道の旅に革命を起こした!!」

当時の新聞記事は、ななつ星に対する賛辞で埋められた。

そのころから、いろいろな場でななつ星のことをよくたずねられた。

社外の会合では他社の経営幹部から、講演会では聴講された方から、マスコミの取材では記者から。場所と状況は違えど、私の顔を見ると話題はどうしてもななつ星に及び、ななつ星に関する質問攻めにあう。

質問の内容はさまざまだが、頻度の高い質問を総括すると、次の三つにまとめられる。

㈠　いつごろから、ななつ星の構想が浮かんだのか。
㈡　ななつ星の発想はどこからくるのか。
㈢　ななつ星はなぜ成功したのか。

㈠については、即答できた。およそ三〇年前、国鉄の分割民営化により、JR九州が発足したころだ。当時社外の友人で、たいへんなアイデアマンがいた。その人はいつも、私にいろいろと面白い企画や興味が湧く情報を教えてくれた。その日、酒を酌み交わしながら、アイデアマンがつぶやいた。

「九州で豪華な寝台列車を走らせたら絶対にヒットしますよ」

彼は、時代の空気を読むことに関しては天才的なものを持っていた。実際に数々の商品をヒットさせてもいた。その彼が、自信を持って勧める企画。私も少し心が動いた。しかし当時、営業本部販売課の副課長という、あまり権限のないポストにいた私が、どうこうできるレベルの話ではない。そのときは、面白そうだな、と思いながらもなんとなくうやむやになってしまった。ただ、脳細胞の真ん中にしっかりとインプットだけはしておいた。

（いつかチャンスがあれば実現させたい）

二〇年あまり経った二〇〇九年六月、ＪＲ九州の社長に就任。就任から一週間後に、社内の関係部署に指示を与えた。

「九州内を巡る豪華な寝台列車をつくり、そして走らせることが技術的に可能かどうか検討せよ」

そして一年後の二〇一〇年春ごろ、具体的な準備に着手したという次第だ。よって、㈠の答えは、約三〇年前ということになる。

㈡と㈢については、短い言葉で説明することがなかなか容易でない。特に、質問を受け始めた当初は、自分でも明確な答えを用意していなかった。何度も同じ質問を受けるうちに、私自身、頭の中を整理しなければいけないと思うようになった。

そのためには、整理したことを文章に残すことが最良の策ではないか。

ようし、本を出そう。

㈡と㈢を別の言葉でいうなら、ななつ星のマーケティング戦略だろう。その戦略を解き明かした本にしよう。

何から書き始めようか。

二十数年前、博多港と韓国・釜山港を結ぶ高速船航路の開設に奔走したことがある。船舶名は「ビートル」。陸上を走っている鉄道会社が海という未知の世界に入っていった。しかも、国際航路だからなお厄介だった。わからないことばかりで、至るところで壁にぶつかって立ち止まり、そのたびに多くの人から助けられ、なんとか予定どおり就航に漕ぎつけた。

日本でまだ誰も手がけたことがない、世界一豪華なクルーズトレインのななつ星。「ビートル」と同じく未知の世界に飛び込んだ。ななつ星を創り出す過程が、「ビートル」のそれと似ている。

まず、「ビートル」のことから書いていこう。


ななつ星には、「気」が込められている。「気」は、宇宙万物エネルギーのもと。「気」の大切さを悟ったのが、外食事業に携わった七年間だ。ななつ星の食やサービスのあり方についても、外食時代の経験が生きている。

「ビートル」の次は、外食事業再建物語につなげよう。


ななつ星は、これまでJR九州が世に送り出してきた「デザイン&ストーリー列車」(D&

S列車）の集大成ともいえる。二七年前にスタートした特急「ゆふいんの森」をはじめとして、現在一〇本の「デザイン&ストーリー列車」が九州各地を走っている。ななつ星に向かって、沿線から地元の人たちがいつも手を振って歓迎してくれる。これこそ、ななつ星の最大の魅力の一つであり、お客さまを最も感動させるものである。その起源は、実は「デザイン&ストーリー列車」にある。

やはり、「デザイン&ストーリー列車」についても触れなくてはいけない。そうこう考えていくと、ななつ星のことを書くために、ななつ星までに私が体験したこと、感じたことにかなりのページを割くこととなった。

もちろん、ななつ星のマーケティング戦略についても、本の最終章にたっぷりと行数を確保した。題して、「ななつ星の七不思議」。

本のタイトルをどうしようか、と悩んだあげく、『鉄客商売』とした。作家の池波正太郎さんの大ファンで、池波さんの小説はほとんど読んでいる。『鬼平犯科帳』も好きだし、最近また『真田太平記』にもはまっている。その中で、読後感が最も爽快なのは、『剣客商売』である。

剣客といっても、なにも剣のお客さまではない。剣の達人という意味である。私は、鉄道会社に勤めているから、鉄道の仕事に通じた者がビジネスについて語るという内容の本になればいいなと思い、『鉄客商売』とした。

脱稿してあらためて最初から読み返してみると、どうも〝ビジネス書〟の枠には収まらないな、と感じた。書いた本人でさえところどころで笑ってしまう。とにかく、面白いのだ。だから、本の帯に入れるキャッチコピーも自分でひねり出した。この文言が出版社に採用されないかもしれないので、この「まえがき」の最後に付けておく。

「笑いと涙と感動。こんな〝ビジネス書〟見たことない」

唐池恒二

鉄《てっ》客《かく》商《しょう》売《ばい》

目次

大嶋部長のこと

ＪＲ九州は逃げない

大事なことはすべて大嶋良三部長から学んだ。私にとって、人生のお手本であり、仕事学の先生だ。

はじめてお会いしたのは、一九八九年春、ＪＲ九州船舶事業部長として福岡に着任されたときのこと。二〇〇二年に職を退かれたが、私にとっては、今も大嶋部長は大嶋部長で、呼び方は変えられずにいる。

岡山生まれの大嶋部長は、子供のころから船乗りになることが夢だった。一五歳になって、迷わず瀬戸内海のど真ん中にある島に移住した。優秀な船員を輩出してきた国立弓削《ゆげ》商船高等専門学校に進み、寮生活を送ったのだ。五年間船乗りとしての勉強と実習に明け暮れたあと、これも迷わず、海運会社に入った。晴れて外航船の船乗りとなり、世界の海を駆け巡った。生粋の「海の男」だ。後に国鉄の職員となり、本州と四国を結ぶ宇高連絡船の船長や国鉄の四国総局船舶部長を歴任した。

一九八八年四月、瀬戸大橋の開通と同時に宇高連絡船が廃止され、大嶋部長も国鉄から変わったばかりのJRを去った。国鉄改革でJRが発足したのが一九八七年だからその翌年ということになる。その後、大嶋部長は四国の旅客船協会の幹部として船会社を取りまとめる仕事に就いた。

荒海を前には、「運」も要る

ちょうどそのころ、JR九州はアジアに目を向け、まずは隣の韓国との交流に力を入れようとしていた。特に、初代社長の石井幸孝さんの情熱は凄まじく、博多港と韓国・釜山港を高速船で結ぶという、当時としてはとんでもない夢を描いた。石井さんは、夢の実現のために、果敢に、そして周到に準備を進めていった。

福岡と釜山は、たった二〇〇キロしか離れていないが、その間には、荒海で名高い玄界灘がある。一万トンクラスの大型フェリーでも荒れた玄界灘を渡るのはたやすいことではない。相当な揺れを覚悟しなくてはいけないし、そのクラスの船でも欠航を余儀なくされることもある。その海路に、フェリーよりもはるかに小さな高速船を投入することは当時の常識からは無謀そのもの。船の経験者は、こぞって反対した。

「一に玄界、二に日向《ひゅうが》、三、四がなくて五に遠江《とおとうみ》」

海に暮らす漁師たちの古くからの口伝えだ。日本近海の中で潮の流れが速く波が荒い海域の一番に玄界灘、次いで宮崎沖の日向灘、さらに静岡の南方遠州灘と数えている。宮崎あたりには、「一に玄界、二に遠江、三に日向の赤江灘」と歌った郷土民謡もある。他の地域の伝承にも二番手三番手に別の地名を挙げたものがあるが、玄界灘だけは不動の一番を譲らない。海の男たちが最も畏敬の念を抱く海、それが玄界灘だ。

「だから、私も石井さんから航路開設の話を最初に聞いたときは、難しい、と思いました」

ジェットフォイルと石井さんの情熱、この二つが存在しなかったらこの航路は成立しなかっただろう、とも、後年大嶋部長は話した。ジェットフォイルとは、米国のボーイング社が開発し、現在は川崎重工が製造している高性能の高速船のこと。

ところが、あいにく、いや運よくこの二つは存在した。周囲の心配をよそに、石井さんは、一九八八年の秋になっていよいよ社内にプロジェクトチームをつくり、船舶事業への参入の勉強を加速した。年が明けて一九八九年二月、会社はこの事業をはじめることを意思決定した。

すぐに、事業を推進する体制づくりが進められた。

座右の銘は変えるときがある

そのころ、本社の廊下を歩いていた私を石井さんが呼び止めた。

「唐池君、今どんな仕事をしているの？」

〝謙虚〟を座右の銘にしていると時折、誤解されることがある。

「はい、営業部販売課でいろんな面白いイベントを考えたり、あちこち出かけて人と会ったりしています。毎日遊んでいるようなものです」

この答えで決まったようだ。「唐池君」は今、それほどたいした仕事はしていない。

一週間後に、人事の内命をもらった。

「船舶事業部企画課長を命ずる」

三月一一日付となっている。なんということだ。実は、非常に重要な仕事に取り組んでいた。ほぼ一年前から、「ゆふいんの森」という新しい特急列車を走らせるべく東奔西走してきた。九州初のリゾート向けの観光列車だ。まもなく営業運転がはじまるところだった。記念すべき初列車の出発式が、くしくも三月一一日。

当日、朝九時からの出発式だけは出席し、一時間後の一〇時には船舶事業部に着任した。

この日、謙虚という言葉は、私の〝座右の銘リスト〟から削除された。

すぐに頭を切り替えて船舶事業の勉強に没頭した。なにしろ、三週間後の四月一日には、船の専門家、大嶋部長が初代部長として四国からやってくることが決まっていた。それまでに、大嶋部長の足手まといにならないように、船の知識を頭に叩き込まなければいけない。企画課長は、部長に次ぐナンバー2にして、JR九州外から招聘した大嶋部長を生え抜きの立場で補佐していく職務だった。

（それにしても、海のプロ、大嶋部長という方はどんな人だろう）

その数年前、まだ国鉄時代。石井さんが広島鉄道管理局長だったころ、大嶋部長は同管理局の船舶部長を務めていた。当時の広島局は、広島県の呉と愛媛県の松山を結ぶ仁堀《にほり》航路の廃止を経営の重要課題に置き、局長以下幹部が地元との話し合いに忙殺される日々を送っていた。

当時の国鉄では、赤字の大きい船の航路や鉄道の線区を廃止することが最大の経営改善施策と位置づけられていた。ただ、いずれの廃止案も地元との協議がまとまらず、難航を極めた。大嶋部長の前任者も廃止に向けて汗を流したが、思うように進められなかった。

そこに、大嶋部長が宇高連絡船の船長から異動となり、やっかいな仕事の責任者に就いた。どこをどうしたものか、あっという間に航路廃止の合意を地元から得てしまった。大嶋部長の辣腕《らつわん》に、まわりはただただ驚嘆するやら感心するやら。

「いやいや、正面からぶつかっていっただけですわ」

岡山出身だからか、語尾に「……ですわ」と付ける。

このことを石井さんは、忘れるはずがなかった。「……ですわ」のことではない。ＪＲ九州に船の専門家はいない。大嶋部長は、国鉄でもトップクラスのプロの船乗りで、船のことや海のことには誰よりも詳しい。さらに、仁堀航路廃止のときの物怖じしない行動力と地元との交渉力には、余人をもって代えがたいものがあった。ＪＲ九州がこれからやろうとしている航路開設の仕事を任せることができるのは、大嶋部長をおいて他にはいない。

石井さん自ら四国に再三足を運び、四国の旅客船協会のトップにも請願し、大嶋部長本人にも何度も頭を下げた。下げられてもずっと断ったが、石井さんの、こうと決めたら一歩も引かない熱意と根気に負けて、とうとう九州行きを承諾したという。

四月一日、大嶋部長と初めて対面がかなった。きれいな白髪に日焼けした顔、背が高くて品がよく、優しそうな紳士が目の前に立っている。つやのある顔からは、五八歳とは思えない。事前に聞いていた「世界を股にかけた海の男」「交渉の達人」「言いだしたらきかない頑固おやじ」といったイメージとはだいぶ違って見えた。柔らかい語り口に、正直、拍子抜けしたほどだった。

「あんたが、唐池さんですか。大嶋ですわ、よろしく頼みますすわ」

「はい、よろしくお願いします。唐池ですわ」

早くも感化された。

意気に感じて取り組む仕事はうまくいく

その日からさっそく活動開始。大嶋部長から、矢継ぎ早に指示が飛んできた。

「船員を集めましょ」

「船体の発注もすぐにやりましょ」

「航路免許の申請はどうなってますかな」

「港の岸壁の確保も急ぎますな」

「船員の訓練方法も考えんといけませんわ」

やるべきことが山ほどあった。(海なのに)

一年後の就航をめざしているから、ひとつずつ順にとりかかっていくというより、並行してたくさんのことを一気に片づけていかなければ間に合わない。一年後に博多〜平戸〜長崎オランダ村の国内航路を、そのまた一年後に博多〜釜山間の国際航路を、それぞれスタートさせるというのが船舶事業部に課せられたミッションだった。

いくつもの課題にくわえて、二年後の国際航路についても数カ月以内にその道筋をつけておかなくてはいけない。このことだけでも大仕事。

あれやこれやと考えると、パニックになりそうだったが、一方でとてもわくわくしている。そんな自分に驚きもした。やりがいのある仕事を与えてもらった。楽しみながらやっていこう。必ずこの事業を成功させよう。意気に感じるとはこのことか。

大嶋部長の仕事の進め方は、自ら先頭に立ってみんなを引っ張っていく率先垂範型だ。けっして嫌なことから逃げない。難局に直面したときは、必ず自ら正面からぶつかっていく。私が人生で出会った上司のなかで、最も頼もしく感じたリーダーだった。

「さあ、唐池さん、漁協にあいさつに行きましょう」

大嶋部長が着任されて二週間ほど経ったころ。突然思い立ったのか、事務作業に追われていた私を連れ出し、佐世保市の漁業協同組合に向かった。博多~平戸~オランダ村航路がはじまると、JR九州の高速船が佐世保湾を毎日必ず通過することになる。

漁協の人たちの職場を荒らすわけではないが、国内航路を新設するときは特別の配慮をするようだ。航路に近接する漁協に仁義を切るのが習わしになっているのだ。

「海は、誰のものでもない。みんなのものですわ。船を走らせるのに漁協の許可もいりません。でも、一応あいさつだけしておきましょう」

そんなことになっているのか。海の世界もけっこうせせこましいな。それならそれで、なにも最初からわざわざ部長が出ていくこともない。まずは、私か運航課長が露払《つゆはら》いのつもりで行けばいいのではないか。しかし、大嶋部長は、自ら真っ先にドアをノックするというのだ。このあたりが、「逃げない」大嶋部長の真骨頂だ。

漁協の事務所に着くと、組合長室の隣の応接室に通された。組合長を待つこと一〇分。ようやく、目つきの鋭い、こわもての男が不機嫌そうに部屋に入ってきた。佐世保漁協のドン、片岡一雄組合長の登場だ。

「なんばしに来たんや」

椅子に座るや否やのストレートパンチ。大嶋部長がひととおりのあいさつのあと、訪問の趣旨をかいつまんで話した。続いて、私のほうから一年後につくる航路の概要やジェットフォイルの特徴などを多少詳しく説明した。

「そがんことはせからしか。好かん」

最初から、玄界灘の荒波がぶつかってきた。航路近くの漁業にはまったく影響を与えない、と口を酸っぱくして言っても頑として聞き入れない。結局、一時間ほどのやりとりでその日は幕となった。当方はつとめて低姿勢で理解を求め、先方はきわめて高飛車に不快をもらす。

まったく何も進展しないまま、険悪な空気だけ残ったような応接室。私たちは事務所を出た。どっと疲れも出た。最後に組合長が投げてきた言葉が、耳に残った。

「今度は、長崎県内の漁協の組合長全員ば集めるけん、そこで説明したらよか」

何ごとも前向きに、進展なくとも祝杯を

事務所を出た二人は、互いに一言も言葉を発せずに佐世保駅まで五分ほど歩いた。精神的にかなり疲労していた。少なくとも私は。大嶋部長は、駅の売店で缶ビールを二つ買ってきてくれた。博多に戻る特急に乗り込み、缶ビールの一つを私に手渡しながら元気な声を出した。

「今日は、よかったですな。唐池さんの説明のおかげで、うまくいきましたわ」

何がよかったのか。反発したくなったが、「ましたわ」のしみじみとした情感に包み込まれる。すごいな。何も進展がなかった、と悔やんでいた私の気持ちをもみほぐすように、精いっぱい明るく語りかける。何事も前向きに考える。大嶋部長という方は、なんという人だ。かなわないな。急にこちらも元気になってきた。つぎに会う約束だけはできた。考えようによっては、大きな進展かもしれない。これを喜ばずしてどうする。

「部長、ありがとうございましたわ」

また、感化された。この日の缶ビールの味は、格別だった。大嶋部長に言わせると、「漁協というのは、あんなふうですわ」らしい。

一カ月後、今度は長崎市内にある県の漁協会館の大会議室に出向くことになった。もちろんこちらは、大嶋部長と二人だけ。県内のすべての漁協の組合長と相対する。四、五〇人、いや、もっといたような気がする。彼らと向かい合う格好で席に着くと、全員のにらみつけるような視線が痛かった。異様な緊張感が会場に溢れる。ただ、不思議と落ち着いている自分を頼もしく思った。隣の大嶋部長を横目でみると、いつもと変わらず、博多港の定食屋でアジフライ定食が出てくるのを待っているときと同じように、どことなく楽しそうだ。

こちらから、航路とジェットフォイルの概要を説明し、安全な運航につとめる決意を披露した。

「そがん高速で走りよる船は、危険たい」

「海はおいどんの職場っちゃ」

「とことん反対するぞ」

「JRは鉄道だけやればよか」

「わいら出ていけ!」

会場内に怒号が飛び交う。罵詈雑言《ばりぞうごん》の嵐。それでも、つとめて冷静な口調で説明を繰り返す。なおも罵声が飛んでくる。国鉄時代の労働組合との団体交渉を思い出した。

一時間ほどで閉会となった。もちろん合意には至っていない。完全な物別れ……。

会館を出て長崎駅に着くまで、佐世保のときと同じように二人は言葉を交わさない。またしても進展なし。でも、今回は気が滅入らない。案の定、大嶋部長は長崎駅の売店で缶ビールを二つ買う。特急列車に乗り込んですぐに、

「いやあ、よかったですな。唐池さんのおかげですわ」

またこれだ。別に私がどうこうしたわけでもなく、ひとえに腹のすわった大嶋部長の存在感のおかげなんだ。心底思った。大嶋部長は、祝杯をあげるよう促してくる。

「乾杯！」

なんてうまいビールなのだ。

その後、二人で何度も佐世保の漁協に足を運び、片岡組合長と膝を突き合わせて話し合った。そのうちに、といっても就航ぎりぎりまで時間を要したが、組合長も私たちの事業に理解を示してくれるようになった。筋を通して話していけばわかってくれる。映画で観たような酸いも甘いもかみわける渡世人に見えてくる。なんだか、組合長はここまでのシナリオを、最初に会ったときから描いていたような気がしてきた。片岡さんとは、その後もずっと親しくさせていただいている。ご縁というのは不思議なものだ。

社員を異業種のプロに

航路開設には、船員の確保も欠かせない重要な仕事だった。JR九州の社員には、船員資格を持った者は一人もいなかった。

いや、正確には船舶の機関士の免状を持った者が一人だけいた。当時、運輸部総務課にいた山本多喜夫さんがそうだ。彼は現在、JR九州高速船株式会社（当時の船舶事業部が分社化し独立した会社）の重役として船舶事業の指揮を執っている。嫌がる彼をなんとか説き伏せて船舶事業部に勧誘したのが私だけど、その顚末を述べていくと長くなるので詳しくは別の機会に譲る。

国内航路一つだけでも、十数人の船員が必要となる。それだけの数の船員を一度に確保する方法は一つしかない。JR四国から来てもらうことだ。JR四国には当時、船員資格を持った人がたくさんいた。瀬戸大橋の開通までは、岡山県の宇野と四国の高松を結ぶ宇高連絡船があり、国鉄の四国総局（JR四国の前身）がその航路を営んでいた。

一九八八年に連絡船が廃止となってからは、船員たちは船を離れて陸《おか》に上がり、別の仕事に就いていた。腕に覚えのあるその船員たちに九州に来てもらうのが、一番確かな方法だ。しかも、つい最近まで、大嶋部長がそこのボスだったのだから。

大嶋部長自ら彼らに声をかけてくれ、私もJR四国の人事課にお願いに行った。JR四国からの出向というかたちで、多くの船員を確保することができた。ＪＲ四国の素早い対応にも頭が下がるが、大嶋部長の船乗り人脈に大いに助けられた。まずは、ひと安心。

しかし、これだけで終わらないのが、大嶋部長だった。つねに長期的な視点に立って物事を考えている。

「ＪＲ九州の鉄道に従事する社員から、船員を養成しましょう」

途方もないことを言いはじめた。ＪＲ九州が船舶事業を本気でやっていくつもりなら、ＪＲ九州生え抜きの社員が船員にならなければうまくいかない、と見抜いたのだ。

「出向の船員だけでは、本物の船会社とはいえませんわ」

とはいっても、ＪＲ九州には、山本さんを除いて船員の資格を持った社員がいない。ひと口に船員を養成するといっても、ずぶの素人から一人前の船員となるには、難関の国家資格試験に合格することと、一〇年近い乗船履歴が必要となる。その間、長期間の試験勉強に耐え、見習いとして実際に船に乗務して履歴を満たしていかなければいけない。そんなことが可能だろうか。そんな社員がいるだろうか。

可能だった。そして、そんな社員はいた。一〇年後には、元鉄道マンの船長と機関長が一一人も誕生した。資格を取るまでの本人たちの苦労は、並大抵のものでなかったはずだ。彼らは、不可能と誰もが思っていたことを可能にしてくれた。戦略家、大嶋部長の思いが実ったのだ。

私は「けちなおっさん」の申し子

経費削減についても、人一倍厳しい方だった。

みんながふだん使っている鉛筆や紙などにも、目を光らせている。ちょっとでも無駄なところを見つけると、厳しくとがめる。効果があまりなさそうな販促ツールを大量に購入すると、たちまち雷が落ちる。

船舶事業部の事務所は博多港にあるのだが、毎日のように誰かが三キロ離れたJR九州の本社に出かける。部の専用の車があれば、バス代やタクシー代も浮かせられる。大嶋部長自身にも便利だろうと、担当者が気を利かしたつもりで自動車を購入しようとした。ストップがかかった。

「車なんていりませんわ」

まだまだ弱小の事業部なのに、そんな贅沢をしてはいけないとのこと。結局、自転車を三台調達することでおさまった。自転車を一番愛用したのは、ほかならぬ大嶋部長で、港から本社に行くときは必ず自転車を使っていた。

「だいたい、国鉄は収支意識がありませんわ」

すでに国鉄ではなかったが、JRになっても収支に対する意識がかなり低かったのは事実だ。当時のＪＲで、大嶋部長ほど収支意識の強かった人を他に知らない。私自身も、当時は収支に対する感覚が鈍かった。大嶋部長のことを、「けちなおっさん」やなと内心反発していた。少なくとも最初の一年間は。

大嶋部長のリーダーとしての考え方や行動にはいつも感服していたが、この「けちくさい」部分だけは嫌だった。私も、まだまだ国鉄だったのだ。しかし、この経費削減の大嶋イズムは、船舶事業部の中にあっという間に浸透した。なかには、本社に行ったとき、他の部の用品棚からコピー用紙や文具を勝手に持ってくる、いや、調達してくるものまであらわれた。

私は、四年間大嶋イズムの中で過ごしたあと、外食事業部次長に転勤となった。外食事業の実質のトップとして、まわりの社員たちに口やかましく言うこともたびたびあった。気がつくと、あれほど嫌がっていた「けちくさい」ことを、自分もしていたのだ。知らないうちに、大嶋イズムにどっぷりと浸かっていた。

どれほど手強い相手でも逃げずに正面から

岸壁に船が着いたとき、船と岸壁をロープで縛って固定する作業がある。「綱取り」という。どこの港にも「綱取り」専門の会社があって、たいていの船会社はそこと契約して綱取り作業を外注化する。大嶋部長は、それを嫌った。

「船を一隻しか持たないような会社が、綱取りを外注してはいけませんわ」

結局、自分たちでやった。船側には船員がいるが、岸壁側の「綱取り」は、陸上のスタッフが受け持つことになった。営業や経理の担当者が交代で「綱取り」をするのだ。私も時々、担当した。そして誰よりも多く「綱取り」をしたのが、大嶋部長だった。船がお客さまを乗せて岸壁を離れていくとき、「綱取り」の仕事を終えた大嶋部長は必ず、船に向かって、船が見えなくなるまで、手を振る。その光景が、今でも目に焼き付いている。

事業部発足直後、川崎重工にジェットフォイルを発注した。二カ月が過ぎてもまだ価格交渉がまとまっていなかった。その交渉は、その後の事業部の経営状況を左右する重要な案件だった。

「価格交渉は、私がやりますわ」

川崎重工といえば、世界の船主を相手に丁々発止の交渉を長年にわたり積み重ねてきた、いわば世界の市場で揉まれてきた「タフ・ネゴシエーター」そのものだ。グローバル企業と、できたばかりのちっぽけな船舶事業部との価格交渉。勝負は見えている。当時の私が交渉を担当していたら、簡単に合意してしまっただろう。それも彼らの言うままの高い価格で。そこで、大嶋部長が自ら乗り出した。世界に羽ばたいてきた企業と、世界を股にかけた海の男の一騎打ちがはじまった。

大嶋部長は、ほんとうにしぶとい。大嶋部長の考える、ドけちの、いや失礼、合理的な価格から一円たりとも譲らない。夏が過ぎてもまだ、まとまらない。川崎重工の交渉担当者も、大嶋部長の頑固さにイライラが頂点に達していた。大嶋部長は、相変わらず平然としている。

「価格交渉とは、こんなものですわ」

秋になって、ようやく妥結した。直後に会った川崎重工の担当者は、釜山から博多まで玄界灘を泳いで渡ってきたかのような、疲れきった顔をしていた。

（ジェットフォイルなら、三時間もかからないのに）

大嶋部長は、海のこと、船のこと、経営のこと、人生のこと、たくさんのことを教えてくれた。なかでも、鮮烈に記憶に残っていることがある。

海洋で大嵐に出くわしたときの操船方法についてだ。押し寄せる高波に対し、船首を真正面に向けると船は転覆しない。五万トンのタンカーでも一〇トンの漁船でも、変わらない鉄則だ。どんな大きな波が来ても船が向かっていくなら沈没しない。波に対し船首を横に向けたり、波から逃げようと後ろ向きにしたりすると船は転覆する。どんな最新鋭の機器を積んだ大型船でも、横波や追い波に抗する力はない。

人生や仕事にも通じる。難局にも逃げずに真正面から立ち向かうと、必ず解決するのだ。嫌な仕事から逃げたり、やっかいな仕事を直視しなかったりあと回しにしたりすると、余計に問題が大きくなって取り返しのつかなくなることがよくある。

「逃げずに真正面からぶつかっていく」

この言葉は、永久に削除されない座右の銘となった。

私がこのころ学んだこと

- 何事も前向きに考える。
- 意気に感じて取り組む仕事は、けっこううまくいく。
- 難局に直面したとき、逃げずに真正面からぶつかっていくと道は必ず開ける。

画　山口晃

国鉄社員　唐池恒二

1977年（24歳）〜

1977年4月、日本国有鉄道＝国鉄に入社。東京北鉄道管理局営業部総務課で、いわゆる国鉄合理化のための要員係として団体交渉に当たる。78年冬、入社2年目、貨物駅兼荷物駅の東京・隅田川駅にコンテナ貨物担当助役として配属される。じつは隅田川駅は国鉄最大級の貨物駅兼荷物駅にして、労働組合の活発で先鋭的な職場。実質的に入社後5年間はずっと団体交渉の席に就くばかりの日々。このころから社内で「カラちゃん」というニックネームが定着。82年3月、当時の国鉄バス棚倉営業所所長として福島県へ。1年後の83年3月、大分鉄道管理局（現・JR九州大分支社）人事課長を拝命。ここから九州での人生がスタート。

ビートルから教わったこと

JR九州は海もゆく

「えっ、ビートルが飛べない？」

思わず受話器に向かって叫んでしまった。

その日、突然の報《しら》せを聞くまでは対馬《つしま》での用事も順調に進み、いい気分のまま一日を終えるはずだった。今から四半世紀前になるが、忘れもしない一九九一年七月一五日のこと。梅雨明けを予感させるような夏空が広がった暑い日だった。

「ビートルが釜山港を出てすぐにエンジントラブルで、飛べなくなりました」

ビートルとは、JR九州が運航している高速船（ジェットフォイル）のこと。この年の三月、博多港と韓国・釜山港の間に就航した。ジェットフォイルは、船には違いないが、米国のボーイング社によって開発されたもので基本構造が飛行機と変わらない。水中に広げた翼の揚力と、ガスタービンエンジンで海水を前方から吸い込み後方に噴射する推進力で船体を海面から

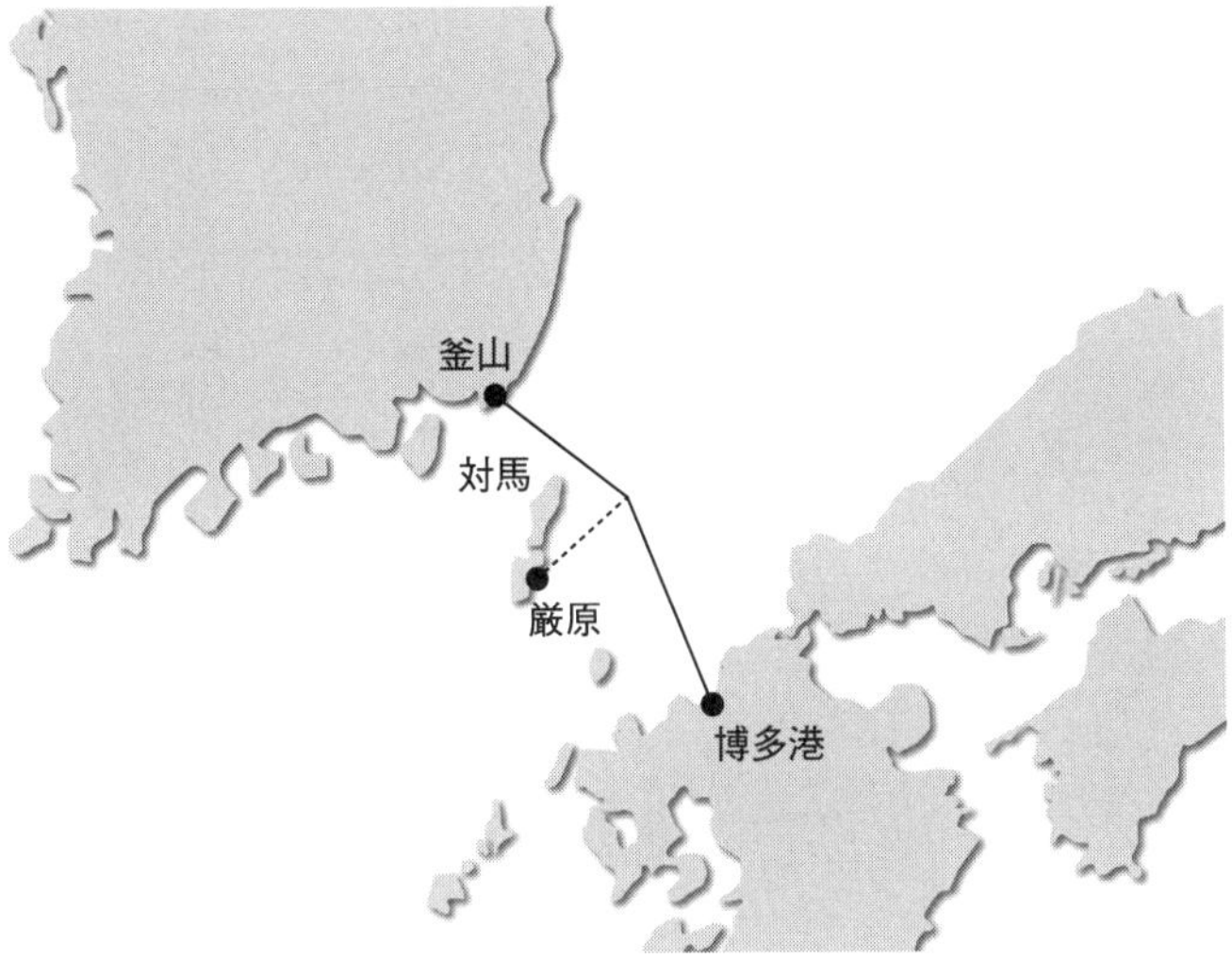

ビートルの航路

二メートル浮上させて翼走する、すなわち、飛ぶのである。エンジンの出力が十分でないときは、船体を半ば海中に沈ませてゆらゆらと進む、いわゆる艇走となる。

このときの性能は、普通の船と変わらない、いやそれ以下かもしれない。飛べなくなるというのは、船体を海面から浮上させて高速で翼走することができなくなることを意味する。

約二一〇キロ離れている博多港と釜山港の間を二時間五〇分という短い時間で結べる船舶は、今のところ、このジェットフォイルしかない。多少の波でもほとんど揺れがなく、乗り心地も抜群で船酔いしない。

しかしそれは、四五ノット（時速約八三キロ）で翼走できたときであり、艇走になるとたらいのようにぷかぷかと揺れながら低速で進むことになる。

無勢からでも最善を尽くす

博多港のJR九州船舶事業部の事務所から、当日たまたま対馬を訪れていた同部営業課副課長の西依《にしより》正博さんと私（当時同部営業課長）の二人に最初に連絡が入ったのは、夕方四時ころだった。

ビートルが飛べない。翼走できない。ジェットフォイルの高速で快適という高性能が、まったく発揮できないのだ。やむをえず艇走で博多港に向かうという。せいぜい一五ノットか二〇ノット、時速三〇キロ程度しか速度が出ない。釜山港を出たばかりのところでのトラブル。博多港までは遠い。玄界灘の荒波にもまれるように揺れながらの長時間の船旅は、どれほど苦痛だろうか。

続報が入った。低速でしか進まないため、博多港にたどり着くまで燃料がもたない。よって、釜山から博多までのちょうど中間にあたる対馬の厳原港《いずはらこう》に寄るとのこと。たまたま対馬にいあわせた西依さんと私の二人で、厳原港に着岸するビートルの約一二〇人のお客さまが上陸され対馬で一泊できるよう手配をするように、とのこと。

予定が大幅に狂った。ビートルのお客さまの予定もさることながら、私たち二人の予定もまったくの白紙となった。対馬での仕事が予想よりもはるかに順調に進み、かなりの成果を挙げることができた。さあ、夕方には厳原町の役場の人たちと地元の焼酎「対馬やまねこ」で祝杯をあげようという段取りになっていた。もう、それどころではない。

たまたま二人が対馬にいたからいいものの、誰も対馬に来ていなかったらどうするつもりだ。文句の一つも言いたかったが、二人はビートルの営業と運航の責任者だから仕方がない。というより、一二〇人のお客さまの苦難を思うと二人で最善を尽くすしかないと奮い立った。

開拓に難航はつきもの

ところで、私たち二人がなぜ対馬にいたのか。対馬で一日、何をしていたのか。

ビートルが就航して四カ月、やっと船体も船員も玄界灘になじんできた。運航開始直後の小さな初期トラブルも克服し操船技術も次第に向上、まずまず順調に国際航路として走りはじめた。ただ、お客さまのご利用においては、当初の予想に反してかなり低い乗船率で推移していた。さすがに楽天家の私でも、営業課長という立場から、もっと多くのお客さまにご利用いただけるよう徹底的に営業活動をしていかなければいけないと、焦《あせ》りやいらだちにも似たものを抱いていた折だった。

そんなとき、対馬の厳原町からありがたい話が舞い込んできた。

「対馬の高校の修学旅行の団体で、ビートルに乗って釜山に行きたいのだが……」

渡りに船とは、まさにこのことか。さっそく打ち合わせのため、対馬に出向いた。

本航路は、博多港と釜山港の間をノンストップで往復している。厳原町からの要請は、博多港から途中、厳原港に寄って修学旅行生を乗せ釜山港へ、帰りは三日後に彼らを釜山港から厳原港まで運び、そのあと博多港へという、通常の定期航路とは違った内容だ。

イレギュラーな運航となるが、二〇〇人という大きな団体の乗船となるから、私としては喉《のど》から手が出るような……。ぜひともまとめたい商談だった。

実現させるには解決すべきいくつかの問題があったが、なかでも「C・I・Q」の関係が最大の難関に思えた。そのほかの問題は当社内で解決することができそうだったし、実際解決できた。

「C・I・Q」というのは、国境を越えて出入りするときに必要な手続きのことだ。Cは税関(Customs)、Iは出入国管理(Immigration)、Qは検疫(Quarantine)のそれぞれの頭文字からとっている。航空機でも船舶でも、国際航路の運航に不可欠の手続きであり、「C・I・Q」が一つでも機能しないと運航できない。国際空港(港)には必ず「C・I・Q」の施設が備わっており、必要な人員も配置されている。

博多―釜山航路を開設するときも、一番苦労したのが両港での「C・I・Q」の確保。設備が不十分だ、人員が足りない、入出港時間が合わない、といったことから「C・I・Q」側からビートルには対応できないと、当初は難色を示されていたのだ。「C・I・Q」に関わる国の各機関との折衝に膨大な時間と労力を割くこととなった。

最終的には、日韓両国の「C・I・Q」各機関からも航路の意義をよく理解してもらい、「C・I・Q」の適正な確保がなされた。就航前ぎりぎりになってやっと了解をもらえたときは、苦労した分だけ喜びもひとしおだった。

相手の懐に入る達人を味方に

ビートルを厳原に寄港させるには、「C・I・Q」の適正な配備が必要となる。厳原港にも「C・I・Q」の各機関の出張所があることはあるが、主に貨物を積載した貿易船の輸出入の手続きを行っており、人の、それもかなりの人数の団体の入出国業務に対応できるかどうか。また、対応してくれるかどうか。定期航路開設のときに難航した経験から、対馬寄港においても「C・I・Q」各機関との折衝がうまくいくかどうか懸念を抱いていた。

そこで、二度目の対馬訪問となった。それがこの七月一五日だった。厳原にある「C・I・Q」の各事務所を訪れ、この秋の対馬の高校の修学旅行生たちの出入国手続きを臨時の手配で行ってもらうようお願いをするためだ。西依さんと二人で、厄介な交渉になることを覚悟しながら「C・I・Q」の三つの事務所に伺い、それぞれの所長に厳原寄港の意義について誠意と情熱をもって説明していった。

同行したのが西依さんだったのもよかった。西依さんは、当時脂が乗り切った四三歳(私は三八歳)。国鉄時代は、長崎駅の助役や労使間の対立が激しい職場の管理職を歴任し、数々の修羅場を踏んできた苦労人だ。初対面でも一言二言会話するだけですぐに相手の懐に入って仲良くなってしまうという特技の持ち主で、当社きっての交渉人だ。手前味噌だが、実は私も西依さんと同様の資質を持ち合わせている、と一応付け加えておく。

「この秋に、ぜひ厳原から釜山に修学旅行を送り込みたい」

三人の所長はいずれも、最初はずっと黙って説明を聞いている。当惑しているふうだった。さあ、ここから私たち二人の得意技〝にじり寄り〟の出番だ。

「十代でお隣の国を訪れその国の人たちと交流しその国の文化を学ぶ、このことの意義は大きい」

各所長は、次第に身を乗り出して話に耳をかたむけだした。

「そのためには『C・I・Q』の力が必要です。なんとしても……」

所長たちは三人とも、私たち二人が熱く語るのに気持ちが解きほぐされたのか、三〇分もやりとりをしていると最後は微笑んでくれた。

「わかりました。やってみましょう」

各所長が、いずれも快諾してくれたのだ。

よかった、いい一日になった。対馬に来たかいがあった。厳原寄港について最初に提案された厳原町の役場の人にもそのことを報告すると、満面の笑みで喜んでくれた。じゃあ、今晩祝杯をあげようということになって役場の応接室でひとときくつろいでいたところに、「飛べなくなった」第一報が飛び込んできたのだ。

非常事態も「予行演習」くらいのつもりで

祝杯どころではない。役場の応接室が、急遽、ビートルのエンジントラブルによる厳原臨時寄港対策室となった。西依さんと二人で今からやるべきことを整理する。すぐにも、たくさんのことにとりかからなければならない。追い打ちをかけるような連絡が入る。

ぷかぷかと波に揺られながら進むしかないビートルが、厳原港にたどりつくのが夜の八時ころだという。与えられた時間は、せいぜい三時間ほど。

まずは、お客さまのこと。疲労困憊《こんぱい》で上陸されるお客さまの様子が浮かぶ。なんといっても、お客さまに休んでいただく宿泊先の確保だ。あいにく、厳原に一二〇人という大人数がまとまって宿泊できる施設はない。七、八カ所のホテルや旅館に分宿してもらうことになる。すぐに一軒一軒まわって、お願いするしかない。それぞれの宿まで、どうやってお客さまをお運びするか。タクシーやマイクロバスの手配も急を要する。

翌朝に博多港までお客さまをお送りする手配も大事だ。九州郵船のフェリーが、朝九時に厳原港から博多港に向かう。その乗船券も確保しなければ。

博多港からお客さまはそれぞれの自宅か勤め先に向かわれるから、お客さまがばらばらになる前に厳原でビートルの運賃の払い戻しができるようにお金の準備も明朝までに済ましておく必要がある。

そして、「C・I・Q」のスムーズな手続きができるかどうかが一番の難題だ。疲れ切ったお客さまが厳原港のターミナルに着かれたあと、できるだけスピーディな入国手続きを済まして早く宿で休んでもらわなければいけないが、「C・I・Q」が夜の遅い時間に港で手続きをしてくれるのか。そのことが大きな心配ごとだった。

こうしたことを、わずか二人だけで、しかもたった三時間という短い時間でやり遂げるのは、きっと無理だったろう。ありがたいことに、ビートルの災難を聞きつけた町役場の方が何人も私たちといっしょにすぐに行動してくれて、大勢で手分けして宿や車の手配をあっという間に済ましてくれた。

一番難しそうな「C・I・Q」のほうは、私たち二人でお願いにまわるしかない。幸いなことに、勤務終了前で各所長が事務所におられた。

「入国手続きのお願いに来ました」

〝にじり寄り〟の妙技が決まるか。

「さっき、聞いたばかりじゃないですか。この秋でしょう」

「いいえ、実は急遽、今夜その予行演習をやっていただきたいのですが」

「……」

各所長とも唖然として、一瞬言葉が出てこなかった。私たちは、ビートルの急なトラブルの発生からもうすぐ厳原港に入ってくることまでを簡潔に説明した。〝にじり寄り〟なんか通用しない。ただひたすら、二人して深く頭を下げるしかない。

「非常事態なんです」

理解してくれた。ビートルが厳原港に着岸してすぐに「C・I・Q」の手続きをしてくれることになった。それも、きわめて迅速かつ円滑に。

「私が責任者です」とまず一言

午後八時過ぎ、いつもは精悍で凛々《りり》しいビートルがよたよたと厳原港の岸壁に到着した。接岸してすぐに船内からお客さまが、憔悴しきった顔つきで一人また一人と下りてこられた。当然だ。五時間以上も玄界灘の荒波に揺られてきたのだから。そのたいへんな苦痛と疲労を思えば、言葉も出ない。それでも、残ったわずかな体力を振り絞ってもらい、全員をターミナルのホールに誘導した。

西依さんとの打ち合わせどおり、ホールで私がビートルの責任者として直接お客さまにお詫びとお見舞いを伝えることにした。まず、深く頭を下げた。

「私はビートルの責任者の唐池です。ビートルのエンジントラブルにより、皆さまの楽しい旅行を台無しにしてしまったことを深くお詫び申し上げます」

私の緊張した声がメガホンからホールに響き渡る。お客さまは、みんなぐったりとしていた。数人ばかりの方に怒りの視線を感じたが、ほとんどは怒る元気もなくなったのか、ただうんざりとした表情でうなだれている。

大事なことはここからだ。人は、自分がこれからどうなるのか、どのようにされるのか、これからの予定はどうなっているのか、こうしたことがわからないと不安を募《つの》らせる。このことは、組織管理にもいえる。組織の目標や進むべき方向が明確でなく、組織の構成員にも知らされていないと構成員は何をどのようにしていけばいいのかわからない。ただ不安を覚え、やたら右往左往することになる。

メガホンを握る手に力が入った。

「皆さまは、これからこの厳原町のホテルや旅館にグループごとに分かれてお泊まりいただきます。すでに、一二〇名さまのお部屋はすべて確保しております」

「宿まではマイクロバスとタクシーをこのターミナルの前に用意しておりますので、グループごとに車までご案内します」

「急なことで行き届かないと思いますが、宿では、簡単な夕食を用意しております。ビールなどお飲み物は、どうぞお好きなだけお飲みください」

「明日の朝は、厳原港を九時に出る博多港行きフェリーにお乗りいただけるよう手配しております。博多港には午後一時過ぎに到着の予定です」

このホールから明日の博多港に着くまでのスケジュールを一語一句刻むように話し続けた。少しでも不安な気持ちを取り除かなければいけないとの思いからだ。お客さまの疲れ果てた姿に変化は見られなかったが、心なしかお客さまの目に安堵の色が浮かんだように感じられた。

進むべき方向性を明確にすると人は迷わない

お詫びと説明を終え、皆さまを車のほうに順次案内した。お客さまも、あきらめたように静かに車に乗り込んでいかれた。

私たち二人は、お客さまを車に案内したあと、ターミナルのあと片づけを済ましてお客さまが分かれて宿泊されるホテル、旅館を一軒一軒まわった。ほとんどのお客さまは多少精気を取り戻されたようで、元気に食事をとられていた。私たちは、グループごとにあらためてお詫びを申し上げながら、男性の元気そうな方にはビールのお酌をしてまわった。

二人ともお詫びをするのはそれほど得意ではないが、お酌しながらこちらも少し元気になったような気がしてきた。

「ビートルの課長さん、気にしなさるな。厳原港に着いてからのあなたたちの対応は立派だ。釜山に観光に行ったが、もう一泊対馬で観光ができたと思えば楽しいよ」

元気なビジネスマンがかけてくれた言葉が、私たち二人の疲れを吹き飛ばした。あとで、宿の外に出て二人で強く手を握り合った。よかったなあ。

翌朝、昨日の大騒動が嘘のような青空のもと、さわやかな空気が厳原港を包んだ。宿からつぎつぎにお客さまが港にやってきて、昨日とは打って変わって力強い足取りでフェリーに乗り込まれる。幸い、どのお客さまも怒った表情ではない。なかには、「お世話になりました」と私たちに言葉をかけてくれる方もいらっしゃった。予定どおりに、お客さま全員が無事お昼過ぎに博多港に到着された。

その日以降、クレームや怒りは私たちのところに一件も届いていない。

ビートルが、身をもって教えてくれた。

組織や人を動かすには、進むべき方向や段取りをなるべく早い段階で明確にすることが大事なのだ。それは、トラブル後にお客さまを誘導案内するときにかぎらず、企業の人や組織を引っ張っていくうえでも大切なことなのだ、と。

私がこのころ学んだこと

- 進むべき方向とスケジュールを明確にすると、人は迷わずに行動する。

二メートル以内の男たち

JR九州はとことん話し合う

その建物の前に立つと、三〇年以上も前のことが鮮明によみがえる。あんな出会いもあった。こんな仕事もした。今は、すべてが少し色褪《あ》せた、でも忘れられない写真のように脳裏に浮かんでくる。いろいろなことがあった。ほんとうに多くのことを学んだ。つらい思いもしたはずだが、不思議なくらい、楽しかったことしか思い出さない。しかし、当時は必死に歯を食いしばって一日、一日を過ごしていたことは確かだ。

磐城棚倉《いわきたなくら》駅は、水戸と郡山を結ぶJR水郡《すいぐん》線のちょうど中間にある。久しぶりに、その駅前に立ち、三階建てのコンクリートのビルを見上げた。

思い出がぎっしり詰まったその建物の中に、今は誰もいない。入り口のドアも固く閉ざされ、建物の上部に掲げられていた「国鉄バス棚倉営業所」の看板も取り外されている。二年ほど前に営業所の統廃合で、拠点機能が近くの支店に移されたと聞く。

三二年ぶりにこの土地を訪れた。九州に住み着いた年数と同じ期間だけここに来なかったことになる。福島県の中央部に位置する棚倉町は、九州からでは、かなりの長旅になってしまう。ただ、いつか時間がとれれば必ずやこの地に戻って来ようと、その機会をうかがっていた。この日は、仙台に用事があり、たまたま自由な時間が数時間できた。

今しかない。ふと思い立ち、当時一緒に働き大変お世話になった二人に連絡を入れた。三本杉昭さんと岸波実さん。その名前を口にするだけで、懐かしい場面が浮かび上がる。

「急ですが、明日棚倉に行こうと思います」

二人は、すぐに案内役をこころよく引き受けてくれた。二人とも、今は七十代半ばのはずだ。当時は、働き盛りの四十代。三本杉さんは、当時営業所に七人いた助役（現場の管理者をこう呼んでいる）の一人で、所長の私を最も助けてくれた恩人。車両担当助役として、バスの車両の検査修理を統括していた。四〇人いる車両係のなかには三本杉さんよりも年長の人が半数以上いて、それぞれ強烈な個性の持ち主ばかりだったので、かなり苦労されたと思う。車両のこと以外でも、バス路線の沿道の草刈りや除雪作業に、私と二人で汗を流した。

岸波さんは、営業所きってのバスの運転の達人だ。貸切バスの運行などで、他の運転士が嫌がる行程でも愚痴一つ言わずに自ら進んで、「私が乗りましょう」と言ってくれた。当時は、管理者が指示しても反抗する運転士が少なくなかったが、岸波さんはじめ数人の運転士だけは、きわめて協力的だった。私が問題にぶつかったときに、運転士の立場から解決策を教えてくれたのも岸波さんだった。

二人と新白河駅で落ち合い、三時間のタイムスリップ旅行を満喫した。

「二メートル以内」で語らう大切さ

およそ三〇年前、私は国鉄バス棚倉営業所の所長に任ぜられた。たった一年の在職だったが、その後の私の人生に大きな影響を与えるほどの、とても濃密な時間となった。

とりわけ、人との関わり方について多くを学んだ。

「人と二メートル以内で語らうことがいかに大切か」

このことを心に刻み込んだ一年だった。

大の仲良しの九電工の元専務の佐々木健一さんが面白い話をしてくれた。

「親しくさせていただいている、というより心から尊敬している政治家が一人いる。その先生、新聞の記事やテレビの画面を通して見るだけでは、そのよさがわからない。いつも苦虫をかみつぶしたような顔をして、しわがれ声のべらんめえ調で記者たちと対立してしまう。どこか威張っているように見えるから、あまりイメージがよくない。ところが、本人と直接対面し、それも二メートル以内の距離で、話をしてみると、これがまったく違う。あたたかくて、優しくて、ユーモアに富んでいる。会った瞬間に虜《とりこ》になる。『二メートル以内の男』なんて、人はいう」

二メートル以内で語り合うとその人の本質が伝わってくる。なるほど、そのとおりだ。この人間関係の大原則を最初に教えてくれたのが、国鉄バス棚倉営業所だった。

一九八二年三月、当時まだJRではなく国鉄と呼ばれていたころ、二八歳の青二才、つまり私が国鉄バスの棚倉営業所長を拝命した。

当時の国鉄の状況について、触れておきたい。

国鉄は、今のJR東日本やJR東海、もちろんJR九州などのJR各社の前身で、「公共企業体」と呼ばれる準政府機関として全国一本で鉄道を運営する組織だった。一九六四年、東海道新幹線の開業と同時に赤字に転落し、その後毎年巨額の損失を計上していた。

労使間の激しい対立や職場規律の乱れも目にあまるようになり、まともな鉄道経営ができる状態から逸脱していった。一九七五年以降、再三経営再建計画なるものが策定されるが、実効があがらずじまいだ。経営は悪化の一途をたどっていく。マスコミも世間も、もちろん政府も国鉄非難の大合唱となった。

「歪《ゆが》んだ労使関係」

「荒廃した現場」

「劣悪なサービス」

「利用者不在の鉄道経営」

時折、新聞紙上に過激な見出しが躍り、国民から「国鉄は、もう、解体しかない」という言葉まで出てくるようになった。

当時の国鉄の現場は、荒《すさ》んだ職場が多く見られた。特に駅長、区長、助役などの管理者と一般の職員との間の対立は激しいものがあった。国鉄全体が、組織としての末期症状にあったといえる。

一九八二年に第一次中曽根内閣が発足し、〝最後〟の国鉄再建策が検討されはじめた。政府も、小手先の経営改善策だけでは事態の収拾が不可能と判断、大胆な国鉄改革に本腰を入れるようになった。五年後の一九八七年に国鉄の分割民営化が実施され、ＪＲ各社が誕生した。

一九八二年というのは、そんな時代だった。ちなみに、その年に日航機が羽田沖に墜落し、ホテルニュージャパンの大火災で多数の死傷者を出した。棚倉営業所とも関連の深い東北新幹線が開業したのもこの年だ。サザンオールスターズの「チャコの海岸物語」が街なかに流れ、薬師丸ひろ子主演の映画『セーラー服と機関銃』が大ヒットした。

全員への「おはよう！」を自らに課す

一九八二年三月五日、私は国鉄バス棚倉営業所に赴任した。

前日までに、国鉄バスの職場に詳しい人や先輩たちから、棚倉営業所のことをいろいろと聞かされていた。

「労働組合の意識が強い職場で、管理者が泣かされている」

「所長や助役などの管理者と一般の職員との間に、ほとんど会話がない」

「職場の〝ボス〟がいて、みんなが所長よりもそのボスの言うことを聞く」

着任の翌朝、以前先輩に教わり、必ず毎日やり遂げようと決めていたことを、さっそく実行に移した。所内各職場に「おはよう！」とあいさつをしてまわることだった。

営業所には、一〇〇人くらいの職員が働いている。職場はいくつかの詰所（部屋）に分かれていた。運転士が乗務前に待機する運転士詰所。車両の点検修理に従事する車両係の詰所。当時はまだ一〇人くらい残っていたバスの車掌の詰所。庶務経理などの内勤者の詰所。とにかく、詰所の数だけは、いっぱしの会社なみだ。

各詰所を毎朝巡回してあいさつをすることを、自分に課したのだ。

（どんな職場でも、あいさつを交わすことで、人間関係はつくっていける）

先輩の教えを私も信じた。

まず、運転士の詰所を訪れた。

「おはよう！」

初出勤、初巡回。気持ちを奮い立たせて、思い切り声を張り上げた。

詰所の中に七、八人いた運転士たちは、和やかに歓談していたようだが、私が入った瞬間に全員がぴたっと話をやめ、じろっと私をにらみつけた。少なくとも、そう感じた。あいさつなど一人も返ってこない。

後に聞いたところでは、今までの所長は、詰所を巡回してあいさつをすることなどまったくなかった。初対面で、しかも東京からやってきた若造の新米所長。管理者と一般職員があいさつをするという習慣が長い間なかった職場。見たこともない人間がいきなり詰所にやってくることすら、想像もできなかっただろう。

（まあ、仕方ない。赴任前に聞いていたとおりの職場の雰囲気だ）

つぎに、四〇人くらいの大所帯の車両の詰所に入っていった。ここは、有名なボスがいるところだ。みんな、ボスを取り囲むようにして、仕事にとりかかる前のひとときの〝ティータイム〟を楽しんでいる。部屋に簡単な炊事場があり、若手職員が交代でお湯を沸かしてお茶くみをする仕組みらしい。

「おはよう！」

詰所の中の空気が一瞬にして凍り付く。会話が止まる。にらむ。無視をする。口には出さないが、「何しに来たのか」と言わんばかりの表情。またしても、この反応。

一日目。各詰所をまわって「おはよう！」を繰り返すも、どこも同じような冷たい反応。聞いていたとおりだ。いや、聞きしに勝る、かもしれない。

（やれやれ）

結局、その日は仲田喜一首席助役や三本杉助役といった営業所の管理者としか会話ができなかった。

（あきらめんぞ）

信じていることを続けるのみだ。翌日の朝も同じように各詰所を巡回し、同じように「おはよう！」と声をかけた。同じように、にらまれた。同じように無視された。一言も返ってこない。

継続は、必ず力になる。そう信じて、次の日も同じことをして、同じことをされた。継続は、力にはならなかった。

四日目、五日目。同じことを繰り返した。継続は力なりという格言を証明できずにいた。

やがてあいさつは返ってくる

継続すること二週間。毎朝同じことを繰り返し、同じ反応が返ってくる。と思いきや、この日はわずかな変化が見られた。

大部屋の車両詰所に行き、いつものように元気よくあいさつをした。いつものように冷たい反応を受けることにももう慣れた。朝のラジオ体操のように決まりきった日課を終えて、部屋を出ようとした。そのとき、私の横を通り抜けようとした二〇歳くらいの若者が、なんと、私にこくんと頭を下げてきた。言葉は発しなかったが、親愛の表情が読み取れた。ちょうどそばに大きな柱があって、ほかの連中からは見えない場所だった。

（おっ、脈があるじゃないか）

ひょっとすると、一人ひとりは、職場でいがみ合いたいと思っていないのでは。

そんな小さな変化の兆しから数日たった朝のこと。いつものように車両詰所に行き、いつものように元気よくあいさつをした。すると、部屋の真ん中に座って湯呑み茶碗を手にしていたボスが、はじめて口を開いた。

「所長は、どこから来たんかね」

私に椅子をすすめながら、若い職員にお茶を出すよう指示する。はじめて詰所でお茶にありついた、記念すべき日だ。朝の職場巡回で、管理者以外の人と会話をしたのもはじめてのこと。前の職場のことやら、自分の年齢や出身地のことやら、とりとめのない話をしたのを覚えている。それを、ボスは楽しそうに聞いている。まわりの人たちも二人の会話に興味津々という感じで、近くに集まってきた。もう、あのにらむような目つきもない。

翌朝、今までどおり運転士の詰所から巡回をはじめた。

「おはよう！」

なんと、数人から言葉が返ってきた。

「おうう…す」

「おおおうす」

「おはよ…す」

たぶん、おはようございます、と言っているのだろう。小さな声で短いけど、情愛がこもっている。

（やったあ！）

やっと、あいさつが返ってきた。前日ボスと親しく会話したことが、各職場に伝わったのだろう。やはり、継続は力なり、だった。格言の正しさを証明することができた。

つぎに車両詰所でも、大半の人たちがこちらをにらまずに言葉を投げかけてきた。

「おはよううす」

昨日に引き続き、ボスの前に陣取り、ボスも含めて数人の人たちと語らった。みんな穏やかな顔つきになっている。やっと、私を仲間と認めたのだ。所長として受け入れてくれたのだ。

「二メートル以内の男たちの軍団」へ

その日を境に、私と営業所の職員たちとの距離があっという間に縮まった。それから、世間話にしろ、仕事の話にしろ、ざっくばらんなやりとりができるようになった。

二メートル以内で語り合うと、互いの気持ちが通じてくる。先輩から教わったことを信じてよかった。

それからの一年間、私は、営業所の全職員といっしょになって、営業活動に精を出すとともに、効率化施策も大幅に進展させることができた。営業所の業績がみるみるうちに好転していった。国鉄バスの中で、職場が一番荒んでいて効率化施策もいっこうに進んでないといわれていた棚倉営業所が一年後、私が転出するときには、すべての点で優等生評価の職場へと変身していた。私たち一〇〇人は、「二メートル以内の男たちの軍団」に生まれ変わっていったのだ。

棚倉営業所から転出する間際に、ボスから一番苦手なことを頼まれた。

「うちの息子が結婚することになった。所長が息子の二メートル以内にいて、結婚式の仲人をしてほしい」

息子も、実は、同じ営業所の職員なのだ。つまり、私の部下ということになる。最初は、やんわりと断った。しかし結局、二メートル以内という言葉に妙に説得力があり、一生にただ一度の仲人を引き受けることになった。結婚披露宴には、営業所のほとんどの職員が出席した。棚倉町長も来賓として招かれていた。転勤前日だったことから、町長にも転勤のあいさつをするなど、さながら私の送別会のような雰囲気になってしまい、披露宴の主役の座を奪ってしまったようで、新郎新婦とボスに申し訳ない気がした。

先のタイムスリップ旅行の際、その新郎とも、棚倉でばったり出会った。三〇年前よりはるかに落ち着いて元気そうだったのが、うれしかった。

私がこのころ学んだこと

●二メートル以内で語り合うと、互いに心が通じるようになる。

外食王への道①

JR九州は小さな「一家」の集まり

〝九州の外食王〟といわれたことがあった。

外食王とは、城山三郎さんのビジネス小説『外食王の飢え』のモデルとなった、江頭匡一《えがしらきよういち》氏に贈られた称号だ。氏は、「ロイヤルホスト」などのレストランチェーンを展開するロイヤル株式会社の創業者で、同社を日本有数の外食企業に育て上げた。立志伝中の経営者だ。

（スーパー経営者と並び称されるなんて）

激しく恐縮はしたものの、まんざらでもない気分でもあった。もっとも、〝九州の〟は、あまりにもおこがましく、〝博多駅界隈の〟くらいにしてもらうと気が楽になる。

四〇歳から通算七年間にわたり、JR九州の外食部門に籍を置き、赤字続きだった外食事業を二度、黒字に転換させた。くわえて、九州の鉄道会社が、いわば外食事業には素人の集団が、東京に進出して「うまや」という新業態の居酒屋をいくつも展開した。それらの店がいずれも、都内で胸を張ってもいいくらいの繁盛店となった。こうしたことが、外食業界で評価を受けたのかもしれない。

いったいどうやって、ＪＲ九州の外食部門の業績を劇的に改善させたのか。なぜ、東京進出が成功したのか。順を追って述べてみたい。

「気」に満ち溢れた人は勝利する

一九九三年四月、ＪＲ九州外食事業部次長を拝命した。それまでの四年間は船舶事業部、つまり海が職場だった。博多港の岸壁に毎日立ち、朝は、玄界灘に出ていく〝海飛ぶカブトムシ〟こと高速船ビートルを見送り、夕方には、そのカブトムシが釜山港から戻ってくるのを迎える。それが日課だった。今度は、一転、陸に上がって、玄界灘以上に荒波が予想される外食業界に身を置くことが決まった。海から陸へ。船から食へ。

（気持ちを切り替えていこう）

船舶の時代にも、外食事業の状況についてある程度のことは聞いていた。

しかし、異動の内示以降、関係資料に目を通したり、客を装ってぶらりと近くのお店をのぞいたりして外食事業部のことを調べはじめると、想像していた以上の凄まじい実態に驚かされることとなった。

（とんでもないところに来たものだ）

なんといっても、大赤字。「外食事業はわが社のお荷物だ」と囁《ささや》かれていた。前年の九二年度の決算によると、駅のうどん屋から焼き鳥屋、アイスクリーム店までさまざまな業種の飲食店舗を五〇ほどかかえ、売り上げは二五億円、営業損失、すなわち赤字が、なんと八億円を超えている。「お荷物」などというなまやさしいものではない。まったく事業の体《てい》をなしていない。

覆面調査を重ねるほどに、さらに憂鬱は深まっていく。どの店も一様に古く、汚ない。掃除も行き届いていない。メニューを見ても、食欲が湧いてこない。店員のサービスも、いまひとつ。いや、いま三つも四つもだ。最も気になったのは、店で働くスタッフの表情が冴えないことだった。

一言で言うなら、「気」がないのだ。

覇気がない。活気がない。元気がない。やる気がない。気づきがない。死んだような店になっている。

「気」とは何か。広辞苑には、「天地間を満たし、宇宙を構成する基本と考えられるもの。またその動き。万物が生ずる根元。生命の原動力となる勢い。活力の源」とある。当時のＪＲ九州の飲食店舗には、根元も、勢いも、源もなかった。

人も職場も会社も「気」がなくなると、すべてのことがマイナスに働いていく。逆に、「気」を集め、「気」に満ち溢れた人は、必ずや勝利を手にすることができる。職場なら、明るく元気になっていく。会社なら、業績がよくなる。「気」には、そういう力がある。なんといったって、「気」は〝生命の原動力〟なのだから。

赤字を黒字にするには、「気」だ。これしかない。店舗に、外食事業部全体に、そして働く人全員に「気」を満ち溢れさせなければいけない。

厳しい状況に立たされると、なぜか身体の底からエネルギーが湧き上がってくる。気落ちしている人を見たとき、その人を元気にさせたくなる性分でもある。まわりの人間が深刻に悩んでいるときこそ、不謹慎といわれようが、ふと微笑んでしまいそうな、つまらないジョークの一つも言いたくなる。

こうした心の動きは、持って生まれたものなのか、大阪人のひとりとして後天的に身に付いたものなのか。はたまた、きわめて健全な〝病気〟なのか。

（ようし、外食事業部のみんなを元気にしてやろう）

多難な旅路に「旧友」が現れる

着任から数日後、店長会議が開かれた。来たばかりの私が招集したわけではない。集まった五〇人の店長に向けて、本部から今年度の経営方針なるものを発表するという趣旨だった。毎年の恒例だという。数日間猛勉強したばかりの私が中心になって、年度方針を説明することになった。

会議がはじまる一五分ほど前から、九州各地に散らばっていた店長たちが続々と集まってくる。知らない顔ばかりだ。しかも、ネクタイを締めているのは、各地区の事業所長らしい数人だけ。店長たちはみんな、行楽帰りの家族連れの父親みたいな格好をしている。無精ひげ姿に、髪がぼさぼさの人間までいる。会社が主催する公式の会議とは、到底思えない。

（カジュアルな店長会議やな）

感心している場合ではない。この光景、どこかで見たような気がした。思い出した。国鉄時代だ。あのころの、労働組合との団体交渉の場とよく似ている。

（懐かしいなあ）

郷愁に浸っている場合ではない。店長たちは、経営方針を聞くために集まったのではなく、本部と労働条件の交渉を行うために来ているのではないか。そう断じてしまいたくなるような

〝身だしなみ〟だった。

意欲満々で臨んだ初の店長会議。最初から、水を差された思いがした。

（前途多難だな）

会議が始まる直前、一人だけ、にこやかな笑みをたたえて近づいてきた。丸いふくよかな顔とずんぐりとした体形で、すぐにわかった。

「楽しみにお待ちしておりました」

川口隆馬さんだ。今は、確か鹿児島地区事業所長のはずだ。

「川口さんがいてくれたんですね」

異国の地で、親友か家族と遭遇した気分だ。

川口さんとは、三年前にJR九州の大阪支店で知り合っていた。確か、鹿児島支社から副支店長に転勤した直後だったと思う。

船舶事業部時代、ビートルのセールスでよく大阪の旅行会社を訪ねた。ついでに、大阪支店にも立ち寄ったので、川口さんとも時々、夕方の酒席をともにした。年齢は、私より一〇ほど上で、鹿児島支社の総務系に長くいた苦労人。丸い顔をくしゃくしゃにして笑ったときは、失礼ながら、とても愛嬌がある。

一方、配下の店長たちが、店の運営にちょっとでも手を抜いたときの怒り方は、別人のようだった。ふだんは、面倒見のいいやさしいオヤジさんだ。風貌も言動も、どことなく西郷隆盛の雰囲気を漂わせている。何よりも、人一倍「男気」がある。鹿児島のご自宅には、私が外食部門にいる間に何度もお邪魔することとなった。そのたびに、奥さまのおいしい手料理をいただいたものだ。ごちそうさま。

世渡りベタな先輩たちを「夢」で元気に

さて、つかの間の再会に気持ちが高揚したところで会議が始まった。

「皆さん、唐池です。これからいっしょに仕事をすることになりました」

自己紹介に続き、さっそく本題に入った。

「外食事業部は、大変な赤字事業です」

「みんなで力を合わせて黒字にしましょう」

どの顔も、〝なんやこいつは〟、みたいな品定めモードに入っていた。当時四〇歳。源氏物語の「雨夜の品定め」なら艶っぽいが、目の前に座って私の話に聞いたふりをしているのは、どれもむさくるしい〝おっさん〟ばかり。ほとんどが私より年上で、なんとも雄弁な顔つきが並ぶ。表情で何を考えているかわかる。

「この唐池ちゅうのは、どんな人間や」

「えらそうな顔して、えらそうなこと言って」

ＪＲ九州になって六年。〝おっさん〟たちのなかには、以前の国鉄時代そのままの意識を引きずっている人もいる。もちろん、そうでない、誠実そうな〝おっさん〟もいる。会場内の空気を支配しているのは、前者の怖そうな〝おっさん〟たちだ。後にわかったことだが、どの店長も能力は高く、いわゆる面倒見のよさも持ち合わせた、リーダーにふさわしい人たちだった。いわゆる、世の中をうまく渡っていく要領のよさ、言い換えると、ずるさは身につけていない。

だからというべきか、まわりからの信頼は相当なものがある。古きよき仕事師のような人たちなのだ。こういう人間は、えてして組織からはじき飛ばされることが少なくない。外食事業部は、まさにそんなはじき飛ばされた人間が中心になって支えている。もっとも、私もその一人だったのだが。

当時のＪＲ九州は、鉄道事業の効率化であぶれた社員を鉄道以外の、いわゆる関連事業に配転させることが常であった。流通や外食などの仕事をする羽目になった人たちのなかには、「その事業でなんとか一人前になってやろう」と前向きに考える人と、「どうせ、鉄道から外に出された人間だ」と半ばふてくされて仕事への意欲をなくす人とに分かれる。どちらかというと、後者の勢力のほうが大きかった。

ちなみに、現在はまったく状況が異なってしまっている。新入社員の配属先では、鉄道よりそれ以外の仕事を望む人のほうが、圧倒的に多い。当時は、まだまだ鉄道だけの会社だった。変われば変わるものだ。

さて、鉄道からはじき出された者たちが集まった店長会議は、どこかふてくされた、どこか開き直った、どこか寂しい雰囲気に包まれていた。

こんな状況に置かれたとき、決まって、私の持って生まれた性分がむくむくと起き上がってくる。

（この人たちを元気にする！）

スピーチの締めのところで、自然とボルテージが上がった。

「皆さん、われわれ外食〝軍団〟は、今こそ立ち上がりましょう！」

言霊《ことだま》だ。言葉には不思議な力が宿っている。私は、そう信じている。まずは、言葉でみんなの意識を変えてみよう。言葉で元気づけるのだ。

「外食事業部は……」とか、「店長の皆さんは……」とかといった、ありきたりの言葉は使わない。「われわれ外食軍団は……」とした。〝軍団〟に、戦いに挑む強い意志を込めた。今から、われわれは戦場に臨むのだ。戦う集団と化して、競争の激しい外食業界で勝ち抜くのだ。

そういうメッセージを伝えたかった。赤字に慣れっこになったあきらめムードに、活を入れたかった。

組織の「夢」を繰り返し強調する

すぐに反応があった。何人かの店長の目が輝きはじめた。「軍団」という言葉に、眠っていた闘志が呼び覚まされたのだろう。そのときは何人かだけだったけれど、間違いなく、会場の空気の一部が変わった。少なくとも、北九州地区にある行橋《ゆくはし》駅のうどん店の店長の相良《さがら》栄治さんは大きく頷いていた。

相良店長は、四十代後半。体もでかく、腕っぷしも強そうだ。ほどよく白髪の交じった短髪と茶色の革ジャンの見事な着こなしから、どこかの親分をやってもいいような迫力もあった。

会議は、一時間ほどで終わった。終了近くになって、店長たちがなんとなく元気になってきたように感じた。私の所信表明演説が効いたのかと思いきや、そうではなかった。会議のあとのことに向けて気持ちを切り替えていたのだ。毎年恒例のしょぼくれた会議のあとは、盛大な懇親会が待っている。店長たちは、会議が終わりに近づくと、早くも懇親会に向けて心の準備をしていたのだ。いい心がけだ。

待望の懇親会となった。もちろん、酒も出る。会議に出席した者全員が参加する立食式のパーティだ。どうも、この会社は、意見を述べ合う会議よりも、ビールを注ぎまわる懇親会のほうを大事にする傾向がある。

懇親会の時間として、会議で〝潰《つぶ》した〟倍の二時間が確保されていた。パーティにたっぷりと時間を取るために会議を早めに切り上げる。それが事務局の腕の見せどころ。そういう事務局が、「仕事ができるやつ」と高い評価を受ける。その才能だけで、出世街道を上っていった人も少なくない。当時のわが社は、そういう組織であった。

「ノミ（飲み）ニケーション、コミュニケーション」

今でも、こんなセリフを気に入っているJR九州の役員がいる。

企業風土の是非はともかく、ノミニケーションのおかげで、初対面の店長たちと二メートル以内で会話することに成功した。

「今度の親分は、なかなかいいねえ」

私の職位は次長だ。流通事業本部長の宮永喜久生常務が外食事業部長を兼務していたので、専任の私が外食部門の実質のトップといえた。しかし、いきなり「親分」はないだろう。懇親会がはじまってすぐに、相良さんが私のところにやってきての第一声が「親分」だった。

「軍団って言葉、いいですなあ」

ドスの利いた声を響かせながら、私のグラスにビールを注いでくる。

何人かの店長と話してわかった。誰も、今の赤字のままでいいとはけっして思っていない。鉄道の連中を見返してやりたいという気持ちもある。が、どうすればいいかわからない。今まで、自分たちの目標を意識したことがない。毎日、将来のヴィジョンもないままに過ごしていた。

「外食事業を黒字にする。われわれ自身の手で、必ず黒字にするんだ」

会議中、私は繰り返し「夢」を強調した。赤字会社にとっては、黒字にすることが「夢」なのだ。その「夢」とは、かなわなければ事業の存続もない「夢」なのだ。その「夢」に向かって突き進むしかない。店長たちが、ようやく自分たちの目標を見つけた。

改革は「一家」単位で取り組む

懇親会の後半にさしかかったころ、相良さんがまわりの店長たちに大声で呼びかけた。

「おい、いいかみんな、黒字にしようじゃないか。唐池さんについていこうじゃないか」

相良さんの檄（げき、「おどし」ともいう）は、私のスピーチよりもはるかに説得力と影響力があった。すぐに反応したのは、鹿児島地区の店長たちだ。

当時の外食事業部の組織は、司令塔本部として外食事業部が本社の中にあり、九州内の大分、熊本、鹿児島などの地域ごとに、地区事業所があった。店舗は、それぞれの地区事業所の配下にあった。相良店長は、所長ではなかったが、北九州地区事業所の中のボス的存在だった。鹿児島地区には、鹿児島事業所があった。川口隆馬所長以下七人の薩摩隼人の店長たちが、一所懸命汗を流し、店を活気づけていた。

鹿児島地区の店舗だけは、当時も好成績をあげていた。どの店も赤字には違いなかったが、店の賑わいや売り上げ、評判という点では、飲食専門のプロが営む人気店にもひけを取っていなかった。実は、JR九州の外食事業は鹿児島からはじまったという歴史があり、どこよりもお客さまに喜んでもらいたいという高い意識を持っていた。

鹿児島駅につくった「驛亭《えきてい》」という焼き鳥屋が、JR九州の外食一号店だった。JR九州が発足する前年、一九八六年に鹿児島の人たちだけで企画してつくり上げた店舗だ。開店後ずっと繁盛していて、当時、売り上げだけなら地域ナンバーワン店の数字を叩き出した。評判がよかったので、鹿児島地区に同様の「驛亭」をさらに三店開業していた。

「驛亭」以外にも、「まくら木茶屋」というロードサイド型レストランやカレーライス店なども精力的に展開していた。それも、鹿児島の社員たちだけでいろいろと工夫してやっていた。それでも、どの店も赤字は赤字だったけど。

薩摩隼人たちが、目を輝かせた。

「じゃっど、じゃっど」

外食事業に携わった七年の間に、何度も鹿児島を訪れ、店長たちとノミニケーションを図ることとなった。そのたびに、理解できる鹿児島弁が一つずつ増えていった。最初の店長会議で、人生ではじめて習得した鹿児島弁が「じゃっど」。「そうだ」という意味だ。

「今のは、そうだそうだ、ということですな」

「じゃっど」

川口さんの流暢な鹿児島弁には、今も感心させられるが、このときもたちまち魅了された。

組織の改革は、一人では難しい。私の場合、北九州の〝相良一家〟と鹿児島の〝川口一家〟という、二つの強力なエンジンに支えられた。ムードメーカーの二つのグループに盛り上げてもらったおかげで、外食事業部の再建をぐっと前進させることができた。

一九九三年四月八日。この日は、わが社の外食事業部が戦う軍団に生まれ変わった記念日となった。お釈迦様の誕生日でもある。

相良さんが、パーティの終わりころにまた声を張り上げた。

「唐池丸の船出や！」

黒字という「夢」に向かって、外食業界という荒波が待ち受ける外洋に漕ぎだすのだ。少しくらいの波なら乗り越えていこう。

（いい航海を。ボン・ボヤージュ！）

（「外食王への道②」に続く）

私がこのころ学んだこと

- 「気」に満ち溢れた店は、繁盛する。
- 夢は、組織や人を元気にする。

画　山口晃

新生ＪＲ九州社員　唐池恒二

1987年（34歳）〜

１９８７年４月、国鉄は地域ごとのＪＲに。会社発足と同時にＪＲ九州総務部勤労課副課長を拝命。社の制服のリニューアルを担当。「ＶＡＮ」で伝説を築いたファッションデザイナー・石津謙介さんにオファーし、「制服改革」を果たす。同年10月、当時隆盛を極めたファッション百貨店、丸井へ出向。88年３月に丸井から本社に復帰、ＪＲ九州鉄道事業本部営業本部販売課副課長に就任。同年８月にＤ＆Ｓ列車のＳＬ「あそＢＯＹ」が運転開始。半年後の翌89年３月11日には「ゆふいんの森」が運転開始。同号が走りだした同日付で（！）船舶事業部への異動発令。流通業界など異業種の錚々たる方々との交流もあり、学び多き時間を過ごした。

外食王への道②

JR九州は教わってすぐに実践

軍団に生まれ変わった店長会議の翌日から、私と軍団全員の猛勉強がスタートした。

幸いにも、「先生」には恵まれていた。

そのころ、JR九州外食事業部には、飲食店経営のプロと呼べる人が数人いた。いずれもロイヤル株式会社を退社してきた人たちで、一、二年前にそれぞれJR九州の社員となっていた。

なかでも、中園正剛課長と手嶋繁輝副課長の二人には多くのことを教わった。

ロイヤル在職中の二人は、「外食王」の江頭社長からも重用されていたようだ。中園さんは、調理の権威だ。鬼の教官として若手料理人の教育にも腕を振るっていた。指導に熱心なあまり、腕を振るってそのままポカリとやることもあったとか。フライパンを振る以外にも、いろいろな腕の振り方をマスターされていた。

手嶋さんは、店舗開発の達人だ。独特の商売感覚の持ち主で、業界の最新情報に通じていた。サービス研修にも長《た》けていて、その後の店舗の接客研修に大いに力を発揮した。二人をはじめとしたロイヤル組の活躍なくして、JR九州の外食部門のその後の発展はなかっただろう。特に、二人のプロとしての知識と経験は貴重だった。多くのことを教わった「先生」だった。

信じぬいた一冊の本

店長会議のあと、四月から五月にかけて、当時成功していた東京の外食企業によく勉強に行った。この仕事は、他社の成功事例に学ぶのが一番手っ取り早い。それぞれの会社の幹部を訪れ、頭を下げて教えを請うた。同じ鉄道会社ということから、大阪の私鉄にも足繁く通った。私鉄は、かなり以前から外食に力を入れている。

駅という立地を活かした事業展開が、おおいに参考になった。将来の競争相手になるかもしれない、先輩格の外食企業も、私たちにとっては大切な「先生」だった。

書店も、「先生」の宝庫だった。マーケティングや経営書のコーナーには、飲食店経営に関する本がずらっと並んでいる。小売業やホテル業関連の本も、棚にぎっしりと詰まっている。

これだけ多くの、いわゆる経営指南書が出版されているということは、それだけニーズがあるということだ。それだけ、商売に悩んでいる人が多いということだろう。

ちなみに、鉄道経営のノウハウ本は、一冊もない。悩んでいる人がいないのだろう。

この時期、私は飲食店経営の指南書をかたっぱしから読み漁った。この間の読書の経験にもとづいて、今から飲食店の経営を志そうとする人に、アドバイスをしたい。

その一、気に入った本を一冊、何度も読み返すこと。

その二、書かれてあることをまるまる信じて、書かれてあるとおりに実行すること。

この二つを実行すれば、必ず成功する。

本に書かれてあることに半信半疑で、実行しやすいところだけを適当に一つか二つ選んで実行する。これでは、おそらくうまくいかないだろう。気に入ったら、とことん本のとおりにやってみる。その本に〝賭けて〟みる。これが、成功への近道だ。

私の場合は、井上恵次氏の名著『店長の仕事』がこの仕事のバイブルとなった。本の中では最高の「先生」だ。今も、悩める飲食店経営者を見ると、この本を紹介したくなる。実際、何人にも紹介した。しばらくして、何人からもお礼の言葉をもらった。

ちなみに、井上恵次氏も、ロイヤル出身の経営コンサルタントだ。こうしてみると、ロイヤルは、チェーン展開している「ロイヤルホスト」の店舗数に負けないくらいに、優秀な人材を輩出しているのがわかる。

期待されていないからこその闘志

二カ月間の猛勉強のあと、私は「JR九州の外食事業の今後の展望と戦略」と題したリポートを完成させた。日本の外食業界の現状と今後の動き、JR九州の外食部門のめざすべきもの、それに向けた戦略などをまとめたものだ。その後のJR九州の外食事業再建のシナリオとなった。

そのころの外食事業部は、JR九州の幹部たちの目には、赤字をたれ流す、どうしようもないスネかじり息子としか映っていなかった。当時のJR九州の石井幸孝社長をはじめとする幹部にこの渾身の力作を手渡し、あわせて私の決意を伝えた。

「三年待ってください。三年後には、必ず外食事業を黒字にしますから」

断言するほどの自信があったかと問われれば、おそらく「あった」と答えるだろう。頭の中には、はっきりと成功のイメージが描かれていた。根拠は、そのとき持ち合わせていなかったが、走りながら考えていけばいい。楽観主義者を認定する国家試験があれば、私は真っ先に合格している。

幹部は誰も信じなかっただろう。三年後に黒字にするなんて、また唐池は大法螺《ぼら》を吹いている。みんなそう思っていたはずだ。いや、石井さんだけは、「ひょっとしたら」と少しだけ理解を示してくれたかもしれない。他の幹部は、まったくあてにしていないように見えた。

期待されない分だけ気持ちが軽くなった。なんとしてでも黒字にして見返してやるぞ、マグマのような熱い闘志が体の底から湧き上がってくるのを感じた。

結論から言うと、三年目の一九九五年度に見事黒字に転換することができた。翌九六年二月には、事業部ごとJR九州から切り離し独立させた。JR九州フードサービス株式会社の誕生だ。

経営方針はトップが自らの言葉でしつこく語る

もちろん、そんなにたやすく外食王になったわけではない。もう一度、最初の店長会議後の猛勉強に戻って話を進める。

ロイヤル組、他の外食会社、書物の「三大先生」から教わったことを、さっそく実行に移していった。外食事業の黒字化に向けて、目いっぱいアクセルを踏んだ。

外食事業部の改革は、店長会議からはじまった。

今までの店長会議は、年に一度、会議がかたちだけの一時間で〝ノミニケーション〟が二時間。これを、開催は毎月、会議はびっしり四時間以上、懇親会はたまに、というふうに変えた。

改革版店長会議の初回は、軍団が誕生した店長会議から二カ月後の六月だった。

まず、会議に集まってくる様子から、大きな変化が見られた。驚いたことに、大半の店長がネクタイを着用してきた。四月のときとは大違い。ぼさぼさだった髪も、無精ひげも、なんだかすっきりしたような。身だしなみについては、私のほうから一言も話していない。

なぜか、突然身だしなみに気を使いだした。少々ちぐはぐな格好もあったが、とにもかくにも目の輝きが違う。

明治のはじめに、「ざんぎり頭を叩いてみれば、文明開化の音がする」というコピーが流行ったそうだ。その時代の文明開化と私たちが取り組んでいる黒字化とがダブってくる。平成の私たちには、こんな文句が浮かんできた。

「スーツ姿で歩いてみれば、事業改革の風が吹く」

風が吹きはじめた。はっきりと体感できた。

(もっと、吹かせよう)

会議がはじまると、もっと吹いた。

会議は、最高の先生である名著『店長の仕事』に書かれてあるとおりにやってみた。

約二六〇ページからなるこの本を初めて手にしたとき、最初の数ページをめくると、大きな見出しが目に飛び込んできた。あとで、冷静に読み返すとそんなに大きくなく、他の見出しと変わらない。はじめてそのページを開いた私には、とても大きな文字に見えた。

「会社の強さは店長会議で決まる」

見出しに続き、店長会議では、トップが繰り返し方針を語ることが大切だと述べられている。

飲食店経営に限らず、経営のノウハウについて書かれた本は、何冊も何冊も読んだ。しかし、店長会議の重要性をここまで強く説いた本には出合ったことがない。

(やはり、そうなのだ)

トップは目標と方針を何度も繰り返し語らなければいけない、とは以前ある経営研修で心に留めていた言葉だ。

鬼教官こと中園さんも私に同様の助言をくれ、さらに念を押した。

「店長会議で経営方針を語るにあたっては、すべて唐池さん自身が自分の言葉で直接、店長たちに思いを伝えてください」

大企業病に陥った企業では、そうした経営方針発表会においても、社長が会議の冒頭で骨子だけを話し、具体的な内容は担当の役員か部長か課長が説明するという、奇妙な分業システムが確立されてしまう。営業、経理、人事、技術などの各部門に詳しい人が、専門のことについて順番に演説していく。鬼教官は、それがいけないという。店長会議で方針を伝えるときに大事なことは、トップ自らがすべてを語ることにある。ロイヤルでもそうだったと。

聞き手はほとんど覚えていない

ロイヤルの店長たちのなかには、ひと癖もふた癖もある強者《つわもの》がいた。本部の部長や課長の言うことにあまり耳を貸さない人間も少なくなかった。そんな強者たちも社長の言うことにだけは絶対に従ったという。方針説明会は、トップの求心力を高める場でもあるのだ。だから、毎月の店長会議でも、トップが一人で方針のすべてを繰り返し語るべきだ、と。

(さすが、鬼教官。組織を動かす極意を知っている)

『店長の仕事』の著者も鬼教官もロイヤル出身。外食王は、素晴らしい人材を育てる「教育王」でもあることをあらためて強く感じた。

毎月の店長会議で、私は「夢」と経営方針と戦略について、毎回同じことを三〇分話した。

「なんとしても黒字にする」

「誠実な商いに徹する」

「楽しく元気な店をつくる」

「成功している外食会社の手法を導入する。すなわち、まねをする」

毎回同じ話を繰り返しても、店長たちは毎回新鮮なことを聞いているような顔で頷《うなず》いてくれる。自分が話術の達人になったかのような、いい気分になる。これほどまでに、店長たちは前向きに受け止めてくれるのか、と。

はたして、違った。店長たちは、前回聞いた話をきれいに忘れ去っているだけなのだ。すべてではないけど、かなりの部分は記憶にない。話し手のほうは、前回もこの話はしたはずと思いながらも繰り返し語るのだが、聞き手のほうは、また新しい話が聞けたと新鮮味を覚える。

これは、店長会議に限ったことではない。話し手と聞き手との間につねに生ずるズレなのだ。話し手は、自分が話したことをほとんど忘れない。聞き手は、ほとんど忘れる。そういうものなのだ。だから、トップは大事なことは何度も語らねばならない。

この「コミュニケーションにおける話し手と聞き手の間のズレの法則」を発見してから、話をするのが楽になった。時折、あちこちから講演を頼まれる。法則発見前は、講演のたびに同じ話をすることにためらいがあった。発見後は、平気で堂々と同じ話をすることにしている。ほとんどの人は、前に聞いた話を覚えていないのだから。

改革に「無茶ぶり」はつきもの

店長会議のもう一つの改革は、会議を経営管理の勉強と実践訓練の場に変えたことだ。四時間の会議の中で、冒頭三〇分を私の方針説明に、次の三〇分を勉強に、あとの三時間を訓練に費やした。知識の勉強よりも実際の店舗運営術の反復訓練を重視したわけだ。

毎月一つのテーマを決めて、半日そのテーマに沿った勉強と反復訓練に時間を割いた。なんといっても、コストコントロール力を習得してもらわないといけない。六月のテーマは、月次決算《げつじけっさん》だ。現状は、コスト管理がまったくできていない。九二年度決算では、売り上げが二五億円、赤字が八億円となっている。赤字が売り上げの三割を超える。五〇〇円の天ぷらうどんを一杯売るたびに一五〇円も赤字が出る勘定になる。話にならない。

まずは、月次決算を店長自身で作成してもらうことにした。コスト構造を理解してもらうためだ。先生は、鬼教官こと中園さんだ。

「今日は、皆さんに月次ＰＬに取り組んでもらいます」

私のまわりの人間で、飲食店経営に最も精通した人が中園さんだった。まったく精通していない店長たちにとっても私にとっても、一番苦手な話から切りだされた。

ＰＬとは、〝Profit and Loss Statement〟の略、すなわち損益計算書のこと。ここで早くも、会議室がざわめいた。

「PLって、なんや」

「わからん」

「野球でもやるのか」

「お店で使っているプロパンガスのことやろ」

「それは、LPガスや」

「じゃっど」

どうも、川口一家もわかっていないようだ。休日にママさんバレーのコーチをやっている相良店長は野球のことには詳しくないから、PLの洒落もピンときていない。

当時（一九九三年）は、日本の大企業でも月次決算が満足にできない会社が少なくなかった。もちろん、JR九州本体もまったく行っていなかった。アメリカの経営手法を採用している流通系や外食系の企業の間に、ようやく浸透しはじめたころだ。知らなくて当然。だからこそ、勉強するのだ。

「その月が終われば、すぐに、できれば一週間以内には、月次決算の数字がまとまるようにしましょう。来月からやります」

（早すぎるんじゃないか）

鬼教官の得意技は、「無茶投げ」、別名「無理通し」。柔道の正規の技名でいうと、強引な「払い巻き込み」か。柔道の初心者に、受け身をちょっと教えただけでいきなり試合に出すのと変わらない。私の心配をよそに、店長たちは「無茶投げ」を正面から受けた。

「やってやろうじゃないか」

その日のうちに「初めての月次損益書」

月次決算は、「数字をまとめて終わり」ではない。前月の数字を見て満足するだけでは意味がない。それを翌月の行動につなげなければいけない。前月の数字に問題があれば、すぐにも手を打つ。このことが、月次決算の目的だ。鬼教官は、そのことを言いたいのだ。月次決算を経営管理に活かし、行動につなげることが大事なのだと。

鬼の講義のあとは、あらかじめ店舗ごとに用意した材料費、人件費、水道光熱費、家賃などの数字を使って、店長たちが自店のＰＬを作成する実習の時間となった。実際に、店長たちは、来月のはじめに今月分のそれぞれの店舗の本物の月次損益書を作成しなければいけない。

訓練とはいえ、店長たちも真剣だ。笑い声が消えた。自店に帰ればすぐにも取り組まないと、月初めには間に合わない。今すぐにやらなければいけない。来年のことを言っているのではない。だから、鬼も笑わない。鬼は、数字と格闘している店長の間を、叱咤激励せんと行き来する。いや、激励はしていなかったようだ。激怒だった。

「何をやっているんだ！」

慣れない電卓と戯れている店長たちに、容赦なく飛んでくる鬼の一声。

一部の店長は、露骨に不満そうな顔をしていた。計算もなかなか進まない者もいた。

「月次決算ができないから、いつまでたっても赤字を垂れ流すんだ！」

そうはいっても、今まで月次決算という言葉すら知らなかった人たちだから、今日で完璧に習得できなくてもいいじゃないか……ホトケの私が、鬼に向かって言おうとしたけどやめた。かなり作成が進んだ店長も、ちらほら出てきたからだ。鬼は嫌だけど、今の赤字はもっと嫌なのだ。

「これをやらないと」

「きばっっど！（がんばるぞ）」

川口一家も目が血走っている。

みんな、現状をなんとかしなければいけないとの思いが強い。二時間以上、鉛筆と電卓と鬼との熱戦を繰り広げた。会議の終わりころには、曲がりなりにも月次損益書といえそうな代物《しろもの》が五〇人の店長たちの手で五〇枚、出来上がった。

「皆さん、自分のお店にはどんな経費がかかっているのかよくわかったでしょう」

店長会議、終了。

皆、慣れない勉強に疲れただろう。特に、日ごろあまり使わない脳みそのトレーニングに戸惑ったかもしれない。しかし、会場を出る足取りは元気いっぱいだった。何かしらの達成感と満足感に浸っているようで、目が輝いていた。

店長たちが帰ったあと、中園さんをつかまえて質問を投げかけた。

「今やITの時代。月次決算も本部でパソコンを使って全店舗分を作成すれば、もっと簡単に、もっとすばやく出来上がるのじゃないですか？」

鬼が微笑みを返してくる。

「店長自身が、手作業で作ることに意味があります。まあ見ていてください。きっと、さまざまな成果があがっていきますよ」

本社のコンピュータでは削れないコスト

これから店長たちは、月末から月初めまで数字と格闘することになる。日々の売上伝票から数字を拾ってひと月分の売り上げを集計する。店にある食材の仕入伝票から食材費を転記して原価を計算する。社員のひと月分の給与に、パート・アルバイトの給与を足して人件費の欄に記載する。パート・アルバイトの給与は、その月にパート・アルバイトが働いた労働時間の総計にあらかじめ本部で定めた時給を乗じてはじき出す。

店舗の電力と水道とガスのメーターの数字をメモし、全月分の数字と照らし合わせて当月分の使用量を算出する。あらかじめ本部で定めたそれぞれの単価を乗じてその月の水光熱費を損益計算書に記入する……。

本部で全店舗分をまとめてパソコンでデータ処理をすれば、より正確かつ迅速に月次決算が作成できる。しかし、そうしない。

後に、中園さんのねらいが理解できた。

七月のある日、鹿児島地区の各店舗の巡回視察を行った。

鹿児島駅前の焼き鳥屋「驛亭」の岩元博幸店長を訪ねたときだ。少し歩いただけでも汗が噴き出てくる午後三時ころ。店の中なら冷房が利いているはずだと思い、飛び込んだ。期待に反して、店内はむっとしている。私も一瞬むっとした。店内の空調を止めているのだ。なぜか、岩元店長が胸の前で腕を組み、誇らしげに大きく頷いている。

「月次を作ってみて、思った以上に電気代がかさんでいるのがわかりました。だから、お客さまがいない夕方の営業前の仕込みの時間は、空調を止めました」

「えらい！」

（暑くてえらい！）

さすが、鹿児島を仕切る〝川口一家〟の若手筆頭、岩元店長だけのことはある。この日以降、夏の暑い日の店舗巡回は、お客さまが店内にいらっしゃる営業時間帯をねらって実行することにした。

もちろん、料理の仕込みの時間を邪魔してはいけないと思うからである。


（「外食王への道③」に続く）

私がこのころ学んだこと

- 経営方針は、トップが自らの言葉で語る。
- 月次決算書は、現場の責任者が手づくりで作成することに意味がある。

ネーミングの神様

JR九州はまちの思いも乗せる

JR九州が展開する列車、船、飲食店舗のほとんどの名付け親となってきた。主なものを、開業年次の順に並べてみる。

SL「あそBOY」(一九八八年)、特急「ゆふいんの森」(一九八九年)、高速船「ビートル」(一九九〇年)、レストラン「気どらない洋食屋さん」(一九九三年)、レストラン「イテキエ」(一九九六年)、居酒屋「うまや」(一九九六年)、特急「はやとの風」(二〇〇四年)、特急「九州横断特急」(二〇〇四年)、特急「指宿のたまて箱」(二〇一一年)、特急「A列車でいこう」(二〇一一年)。

そして、クルーズトレイン「ななつ星 in 九州」。

はじめて手がけたのが、「あそBOY」。名付け親として最も思い出深いのも「あそBOY」だ。

ネーミングというと、ひらめきの産物のように思われるが、実はそうではない。何もしないうちに突然、その「名前」がひらめくことはない。「名前」を考え出すまでに、たいへんな労力と時間を費やしている。「名前」の対象について徹底的に勉強する。勉強し、考え抜き、悩み、そしてまた勉強する。

後年、いくつものネーミングに成功した（少なくとも自分ではそう思い込んでいる）あと、社交辞令の得意な人が話しかけてくる。

「唐池さんは、ネーミングの天才ですね」

半分ひやかし、半分おべんちゃら、というのが見え透いている。

「いやいや、天才なんて、そうではありません」

一応、真剣そうな素振りを見せて、こちらもからかい気分で首を横に振る。

「天才でなく、ネーミングの神様です」

「神様？」

「そう、天才はいつでもぱっとひらめく人のこと。でも、神様はなかなか降りてこない。降りてくるまで時間がかかる」

ネーミングには物語が必要

「あそＢＯＹ」のときも、なかなか神様が降りてこなかった。何度も現地を訪れた。現地の人の話に耳を傾けた。現地の歴史や地域の各種データ、現在の状況について書かれた資料にも、ひと通り目を通した。現地とは、もちろん阿蘇のこと。

「あそＢＯＹ」は、熊本と阿蘇の間を走るＳＬ列車のこと。ＳＬが牽引する列車として、一九八八年、一三年ぶりに装いを一新して九州の地に復活することとなった。主役は、通称「ハチロク」といわれる８６２０形式の蒸気機関車。Ｄ51（デコイチ）より少し小ぶりでかわいい。

阿蘇については、そこを訪れなくともある程度のことを知っているような気がしていた。日本を代表する火山で、世界有数の巨大なカルデラで有名だ。中学校の社会の時間にも習ったし、何度か訪れてもいた。

あらためて勉強の目的で現地に行き、あちこち見てまわったり人の話を聞いたりすると、阿蘇のことについてまったく無知だったことに気づかされた。

阿蘇というと、一般に「火山」「スケールがでかい」「力強い」といったイメージがあり、猛々《たけだけ》しい男の山を思い浮かべてしまう。実際に阿蘇を高所から展望すると、その眺めは火山のそれではない。というより、ほとんど火山に見えない。南北約二五キロ、東西約一八キロ、面積約三五〇平方キロメートルの広大なカルデラ台地の中のごく一部に火口がある。

なるほど、火口も日本の火山の中ではかなり大きいほうだし、今でも噴煙を上げているから存在感はある。しかし、巨大な阿蘇全体からみれば火口はいかにもちっぽけだ。

カルデラの中には、約五万人の人が暮らしている。火口を城と見れば、阿蘇は火口を取り巻く城下町といっていい。約八〇万平方メートルの美しい大草原の草千里も阿蘇のほんの一角にすぎない。草原の中に円錐状の美しい小さな山、米塚がある。カルデラを囲むように樹木に覆われた外輪山がなだらかに連なる。

多くの神話や伝説にも登場する。古代からの歴史が伝えられる阿蘇神社をはじめ数々の「パワースポット」を有する。

阿蘇の魅力と不思議は語りつくせない。阿蘇は、とてつもなく大きく、底知れぬ奥深さを持っている。阿蘇の雄大な姿は、見る人に畏敬の念を抱かせる。

(阿蘇は女性だ。人々を包み込むような母なる大地だ)

列車名をつけるとき、必ず現地の名称を組み入れようと心に決めていた。新しく誕生する列車の名前を聞いただけで、どこを走る列車なのかすぐに伝わるようにしたかったからだ。ここでは、「阿蘇」だ。「阿蘇」を列車名の中に入れるのが第一だ。

「阿蘇」と漢字で書けば、どうしても火山のイメージから男性的ないかめしさを感じる。阿蘇は、火山のようで火山でない。心優しい母なのだ。「阿蘇」では、阿蘇が正しく伝わらない。ひらがなにしてみよう。「あそ」。これはいい。これなら、女性としての阿蘇を見事に表現している。列車名に入れる地名は「あそ」で決まり。

阿蘇の雄大な風景は、どこか日本離れしている。西部劇の舞台にもなりそうだ。実際、黒澤明監督は、映画『乱』の撮影でハリウッドのような大掛かりな戦闘シーンのロケ地に使っている。阿蘇はアメリカなのだ。アメリカを連想させて、小ぶりな「ハチロク」をBOYと呼んだらどうだろう。「あそ」とくっつけて「あそBOY」。いけそうだ。

こうして、「あそBOY」が誕生した。八八年八月からはじまった営業運転では、ネーミングのコンセプトを生かそうと、車内でサービスする客室乗務員の制服を西部劇風にしたのは、ちょっとやりすぎだったたか。

しかし、開業初日、ネーミングの趣旨を聞きつけた当時の阿蘇町長が、西部劇のガンマンの仮装をして馬にまたがった姿で阿蘇駅に出迎えてくれたのには、驚いた。

後に面白いことを聞いた。阿蘇地域の方言で「あそぼうい」という言葉があり、ふだんから子供たちの間で使われている。「遊ぼうよ」というのを、阿蘇の方言で「あそぼうい」というらしい。

「唐池さんは、阿蘇の方言まで知っていた」

熊本の人から感心されたことがある。ことさら否定するのもどうかと思い、黙って微笑みを返すだけにした。

成功するまちには「らしさ」がある

「あそBOY」と並行して取り組んだのが、「ゆふいんの森」だ。

博多駅から大分県の由布院温泉まで、駅でいうと由布院駅まで特急を走らせようということになった。

一〇年ほど前から、由布院温泉が全国的に注目されはじめた。特に若い女性に絶大な人気となっているとのことだった。当時のJR九州の社長石井幸孝さんは、若い女性が殺到していると聞けば目の色が変わる人だった。尊敬する大先輩をいじっているわけではない。

石井さんにとってマーケティングの一番の対象は、若い女性の動向だったということ。いつも私たち営業部の若手に、マーケティングの本質を説いてくれた。

「世の中を動かしているのは、女性だ。女性の感性を学ばなければいけない」

石井さんの頭の中に、〝由布院特急〟の構想が浮かび上がった。一九八八年春のことだ。

「博多から由布院に向けて特急をつくろう」

石井さんは、つねに指示が明快で気持ちがいい。部下たちが、抵抗したり、反対したりするような隙《ひま》を与えない。痛快だ。

私は、当時鉄道事業本部営業本部の販売課の副課長という長ったらしい名の職に就いたばかりだった。鉄道の商品の企画や広告宣伝が主な職務だった。当然のごとく〝由布院特急〟の担当となる。営業サイドの実質の責任者といっていい。同じ時期、「あそＢＯＹ」の担当でもあった。

さっそく、由布院のことを勉強することにした。

由布院温泉は、一九七〇年ころまでは鄙《ひな》びた湯治場にすぎなかった。それが大きく変貌を遂げ、日本を代表する温泉地となった。まちづくりのお手本とまでいわれるようになったのは、二人のカリスマの夢と執念の賜物だ。

中谷健太郎さんと溝口薫平さん。二人は、図らずもほぼ同じころ、一九六〇年代に由布院の老舗旅館の経営者となる。中谷さんは亀の井別荘、溝口さんは玉の湯。

二人が旅館経営に携わり始めたころ、同じ大分県の、由布院の隣にある大温泉地、別府温泉は日本経済の高度成長の波に乗り、温泉客が全国からどっと押し寄せていた。由布院はというと、その波に乗れず衰退の一途をたどっていた。二人は、強い危機感を抱いた。ほとんどの由布院の旅館経営者が打ちひしがれているなか、二人のカリスマは立ち上がった。

「由布院のまちをゼロからつくりなおそう」

二人は、毎日のように夢を語り合った。世界のさまざまな観光地の資料を読み漁った。他の旅館経営者からは冷ややかに見られることもあったが、二人の情熱はいささかも冷めない。

一九七一年、もう一人の旅館（夢想園）経営者志手康二さんと三人でヨーロッパに私費で出かけ、五〇日間もの長期間の視察を行った。この視察が、由布院に改革をもたらした。

ドイツ南部の山間にある温泉保養地バーデンヴァイラーに長く滞在し、その町の人たちの志の高さに感銘を受けた。森の中の心癒やされる木陰の散歩道、毎日のように開催される多彩なイベント、土地の食材を使った家庭的な料理。滞在中、退屈することなくずっと楽しい時間が過ぎる。まちづくりの中心人物の話にも、衝撃を受けた。

「この町にとって大切なものは、緑と空間と静けさだ」

さらに、その人物から一人ずつ詰問された。

「君たちは、自分たちの町で、その大切なものを守り育てるためにどれだけの努力をしているのか」

これまで、三人は由布院でそれなりのことはしてきたという意識を持っていた。が、見事にその自負が砕かれた。由布院がめざすべき方向が定まった。

帰国した三人は、町の周囲の人も巻き込んで、「由布院らしいまち」をつくることに脇目も振らず邁進した。そして、今の由布院がある。

列車のデザインもコンセプト

一九八八年初夏。由布院が一番輝く季節。なんとしても由布院に行き、キーマンに会って話を聞かなければと思い立った。

そのころ、まだ〝由布院特急〟のネーミングを私自身が担当することにはなっていなかった。ネーミングより前に、〝由布院特急〟の車両の内外装をどうするのか、どんなサービスを行うのか、すなわち〝由布院特急〟のコンセプトを固めなければいけない。ちょうど社内で、議論が始まったばかり。社内の大勢は、「民芸風」という奇妙なコンセプトに傾きつつあった。

（由布院は、「民芸風」とは違うような……）

営業サイドの責任者として、由布院のコンセプトを確かめるためにも由布院に行かなければいけない。玉の湯に押しかけ、中谷さんと溝口さんの二人の由布院改革の立役者に面会した。

「ＪＲ九州は来春、博多から由布院に向けて新しい特急を走らせる計画を進めています。ぜひ、由布院の皆さまにご協力とご教示をお願いします」

由布院の人たちに、はじめて〝由布院特急〟の構想について告げた。国鉄から分割民営化し、JR九州が発足して二年目。まだまだ国鉄時代のお役所然としたイメージから抜け切れていない組織の人間の言うことに、耳を貸してくれるだろうか。ましてや、九州で特急を新設するなんて、しかもローカル線の由布院駅まで観光目的の列車を運行するなんて、国鉄時代には考えられなかったことだ。

二人は、一瞬驚いたような、いぶかしむような表情を浮かべたが、私の目をしばし見つめ、こちらの思い入れを感じ取ってくれたのか、すぐに笑顔を見せてくれた。

「それはうれしいことです。由布院に着目してもらえただけでもありがたい。できることはなんでも協力しましょう」

さすが、由布院に奇跡を起こした人たちは違う。誰よりもすばやく物事を前向きにとらえる姿勢に頭が下がる。それから、一人の生徒と二人の先生という図式で五、六時間話し込んだ。昼過ぎに由布院に到着して帰るときは夜もかなり遅くなった。

面談初日に中谷、溝口両〝先生〟から学んだことを整理するとこうなる。

●由布院温泉は、かつては別府の奥座敷といわれ、それなりに賑わっていた。

●団体旅行中心の高度成長期には、巨大ホテルを多数擁する別府に宿泊客が集中し、部屋数の少ない由布院は敬遠された。

●ゼロからのまちづくりをめざして勉強のため視察したヨーロッパで、由布院の進むべき方向を確信した。
●全国的に知名度が上がったのは、渥美清の〝寅さん〟でおなじみの映画『男はつらいよ』のロケが行われた一九八〇年代前半から。
●由布院のお手本は、ドイツのバーデンヴァイラー。滞在型の高原リゾートをめざす。
●巨大なホテルや観光施設は、由布院に似合わない。
●由布院は、手づくりでぬくもりのあるサービスに努める。
翌日会社に戻り、二人から教わったことをベースに、〝由布院特急〟のコンセプトを頭の中でまとめた。

由布院が求めているのは、けっして民芸風ではない。めざしているのは、ヨーロッパの高原リゾートだ。間違っても、〝由布院特急〟の車内に民芸調の人形を置いたり、囲炉裏を設けたりしてはいけない。高原リゾートに向かう列車のイメージを表現しなければいけない。〝由布院特急〟は、ヨーロッパの薫り漂う高原列車らしくすべきだ。

私なりに〝由布院特急〟のコンセプトが固まった。それをもとに、車両製作担当者たちに説いてまわった。

「民芸調じゃない。囲炉裏もいらない」

もちろん、彼らは実際に囲炉裏を車両に設けようとしているのではないが、「民芸風」をはっきり否定するために、そして由布院を正しく理解してもらうために極端な言いまわしをあえてした。

こうして、〝由布院特急〟はめでたく「民芸風」から解き放たれ、高原リゾート列車というコンセプトへと進路を転換していった。

不満なら自分で最後までやるしかない

翌八九年二月。完成した車両をはじめて見たときの感激は、今も忘れない。落ち着いた緑色の外観が森をイメージさせる。座席がふつうの車両よりも一段高くなっていて、車窓の景色を見下ろすかたちにつくられていて、贅沢な気分になる。車内にはふんだんに木が使われていて、心が癒やされる。まさに高原列車だ。

この列車のネーミングは当初、広告代理店のD社に依頼するようになっていた。発注担当は私だ。列車のコンセプトの方向が決まったころ、D社にネーミングの話を持ちかけた。D社の担当者は、「そんなことは朝飯前」と言わんばかりに胸を張り、意気揚々と社に帰っていった。一週間後に一〇ほどの列車名の案を持ってきた。

「ハイランドエクスプレスゆふいん」

「リゾートトレインYUFUIN」

「スーパーハイランドエクスプレス由布」

「……」

「……」

(三つ以外は、あまり覚えていない。確か、ドイツ語っぽいものもあったような)

どうもしっくりこない。列車のイメージと合わない。どれもカタカナを組み合わせた長い名前で、舌をかみそうだ。おばあちゃんが駅の窓口で、この手の列車の切符を買おうと思ったら、列車名を言い終わらないうちに列車は出発してしまうかもしれない。D社に期待したのは、こんな列車名ではない。

私一人では決めかねたので、社長の石井さんのところにD社から示された一〇案を見せに行った。石井さんは、一〇案をひと目見ただけで腹を固めたようだった。

「唐《から》ちゃん、君が考えたほうがいいんじゃない?」

石井さんが猫なで声で私を「唐ちゃん」と呼ぶときは、用心しなければいけない。用心はしていたが、〝由布院特急〟のネーミングも私が担当することになった。そこで、また何度か由布院に勉強に行くことにした。中谷、溝口両先生に教えを請うためだ。ネーミング

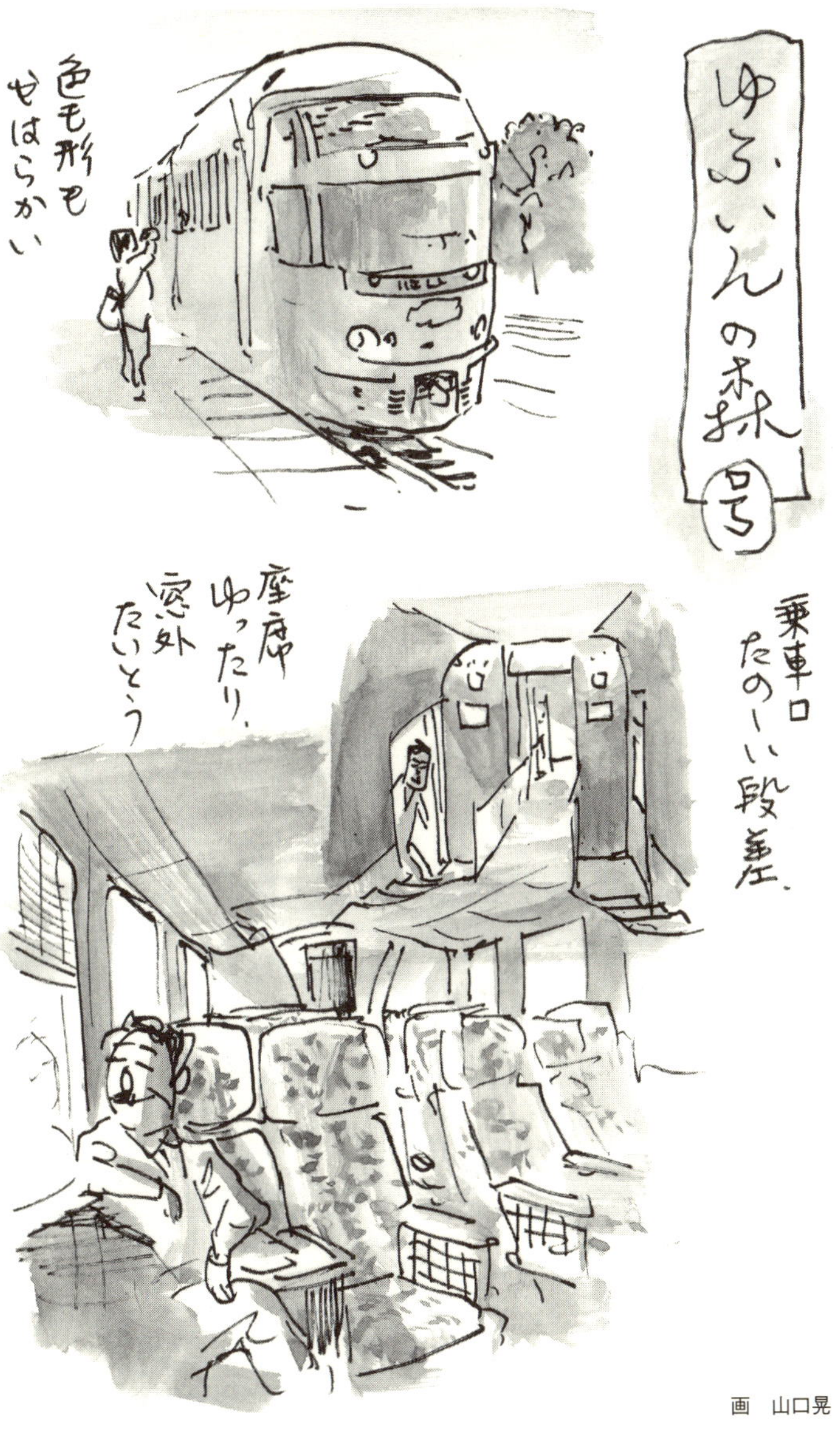

画　山口晃

の勉強だけで、夏が終わるまでに三度、由布院を訪れた。

皆が喜ぶパクリもある

「〝由布院特急〟のコンセプトは決まったのですが、列車名がまだ決まっていません。私はなんとか『由布院』という名前を列車名の中に入れたいと思っています」

二人は、困ったような表情を浮かべて互いに顔を見合わせた。

「戦後しばらくして、由布院温泉は、隣の湯平《ゆのひら》温泉と合併して湯布院町となりました」

溝口さんが、口を開いた。湯平の「湯」と由布院の「布院」を足して湯布院町になった。現在は、さらに周辺の町と合併し、由布市となっている。当時は、湯布院町だった。中谷さんが続ける。

「『由布院』という名前を列車名に入れてもらうのはありがたいが、そうすると湯平温泉側があまりいい顔をしないでしょうな」

なるほどそうだったのか。二人とも、湯平温泉のことも大切にしている。しかし、全国的に知名度が高いのは、「由布院」のほうだ。「由布院」のブランド力は相当なもの。一方、「湯布院」には造語的な字面が確かにあり、私としてはあまり使いたくない漢字だった。そこで、

「あそBOY」と同じ手法を用いることにした。

「中谷さん、溝口さん、ひらがなで『ゆふいん』と書けばどうでしょうか」

「それはいい」

二人とも大賛成してくれた。全国の女性が注目している由布院温泉。ひらがなで書くことにより、由布院温泉の持っている優しさが伝わりやすいのではないか。

由布院温泉がめざしている高原リゾートを一言で表せば、「森」だろう。「ゆふいん」と「森」。組み合わせて特急「ゆふいんの森」。出来上がり。

「ネーミングの神様」の誕生だ。

ちょうど前の年（八七年）、村上春樹さんの超ベストセラー『ノルウェイの森』が刊行されていた。ハードカバーの単行本上下巻からなり、下巻の表紙が全面緑に覆われている。緑一色の外観が特徴の「ゆふいんの森」とイメージがダブる。

「唐池さん、『ノルウェイの森』からパクったんでしょう」

後年、私の苦労をわかっていないが妙に勘の鋭い後輩から、鋭い指摘を受けた。後輩には口封じのため、たびたびビールを注ぐはめになった。

私がこのころ学んだこと

- ネーミングは、徹底的に勉強し、とことん考え抜いてはじめてできるもの。
- 現場に行くと、いろいろなことを教わる。

画　山口晃

海の課長　唐池恒二

1989年（36歳）〜

自らネーミングも手がけた「ゆふいんの森」が走りだした1989年3月に船舶事業部企画課長を拝命。90年5月2日、ジェットフォイル高速船「ビートル」国内航路就航。当初の航路は博多〜平戸〜長崎・オランダ村。91年3月25日、同船国際航路就航。航路は博多〜釜山間。台風というのはタチが悪く、およそ1週間おきに来る。ひとたび土日に来ると書き入れ時の週末がずっと悪天候続きに。天候に加え、クレームの嵐も吹き荒れる日々。洒落にもならぬ「海の苦しみ」。この4年間のことだけで1冊、本を書きたい（笑）。冒頭の章に登場する大嶋部長、まさに「漢《おとこ》」そのものだった韓国側担当者など、出会いに恵まれた時期でもあった。

外食王への道③

JR九州は焦らず騒がず

七月を迎えた。〝新装〟店長会議のテーマは、FL六〇とワークスケジュールだ。

会議室に集まってくる店長たち。〝新装〟となって二度目の店長会議では、先月よりさらに大きな変化が見られた。「大半」から「全員」へ。全員がスーツとネクタイを着用してきたのだ。六月は、まだ「大半」だった。今回は、全員が髪も整え、髭もきれいに剃《そ》っている。

(やればできる。言わなくてもわかってくれた)

一同、席に着き、カバンから電卓と一枚の紙を出す。紙の上部には、「月次PL六月分」と記されている。先月の宿題を仕上げてきたのだ。店長たちは、先月よりも一段と〝店長〟になってきた。

形から入って、心に至る――。

スポーツでも芸事でも、そして仕事でも、達人になる道は同じだ。身だしなみのマナーを実行することが、「形から入る」こと。そうすることにより、組織人としての意識が高まり、仕事の能力も向上していくことになる。すなわち、「心に至る」。

（この変化は、ほんものだ）

サービス、コストの最適化をあっけらかんと目指す

この〝軍団〟は、予想よりも早く目標を達成しそうな予感がしてきた。

会議がはじまり、先月に続き私から経営方針について三〇分、話をした。先月とほぼ同じ内容だ。だけど、店長たちは同じように、まったく新しい話を聞くかのような新鮮な驚きを目に浮かべている。その後は、鬼教官こと中園先生の独擅場《どくせんじょう》だ。

「今日は、ＦＬ六〇とワークスケジュールの勉強をします。まずは、ＦＬ六〇。私たち事業部全体のＦＬは、今九〇くらいです。これを六〇にすれば黒字になります」

鬼は、いとも簡単に黒字にできると断言した。

手品じゃあるまいし、そんな簡単に赤字が黒字になるのか。

（これからは、鬼ではなくマジシャンと呼ぼう）

ＦＬというのは、フードコスト（食材費）とレイバーコスト（人件費）のこと。ＦＯＯＤ（食

材）とＬＡＢＯＲ（労働力）の頭文字からなる。店長の行うコストコントロールでは、この食材費と人件費が最も重要となる。

売り上げを一〇〇とする。一般的に健全な経営状態の飲食店だと、食材費が三〇、人件費も三〇で、足して六〇となる。売り上げに対して、Ｆ、すなわち原価率が三〇％、Ｌ、すなわち人件費率が三〇％、二つ足して六〇％というのが標準的な〝儲かる〟飲食店の数字だ。店舗の業態や業種によって、それぞれの比率が異なるが、足して六〇というのは変わらない。飲食店経営の理想の比率といえる。

たとえば、牛丼の吉野家のようにメニューが牛丼中心でカウンターだけの店舗は、作業効率がよくＬが一五程度で、廉価でボリュームがあるからＦは四五ほど。足して六〇。高級なレストランや料亭になると、料理人や接客係が増えるのでＬが四〇、売価が高いのでＦが二〇、足して六〇になる。あとの水道光熱費、販促費、家賃などの諸経費が、あわせて三〇超と見ていい。ＦＬが六〇を超えると利益が乏しくなり、六〇に抑えると必ず利益が出るという仕組みだ。

ＪＲ九州の外食事業は、なんとＦＬ九〇というではないか。Ｆが四〇台前半、Ｌが四〇台後半で足して九〇。鬼改めマジシャンは、「すぐ黒字になる」と気楽に予言する。はたして、そんなに簡単に赤が黒になるのか。赤いリンゴに息を吹きかければ、黒いボウリングのボールに変わるマジックは見たことがない。こっそりと、マジシャンにタネを教えてもらわねば。

教えてもらった。

「FとL、足して六〇にすればいい。簡単なことだ」

こともなげに言う。

（それができないから、困っているのでしょう）

「Lの問題は、社員数を減らしパート・アルバイトを増やし、店舗ごとに適正な要員配置をすれば解決します」

皆の勉強の程度を見てとったのか、鬼は、ますますあっけらかんと話すようになっていた。

こちらも、あまり難しく考えないことにした。

（やってみよう）

パート・アルバイトを重要な「乗組員」に

当時の各店舗には、パート・アルバイトはそれほど多くいなかった。店長は全員JR九州の社員だし、お店の従業員も八割以上は社員だ。皆、鉄道マンだった人間ばかり。流通や外食といった業界では、おおむね、店舗で働いている人の九割くらいがパート・アルバイトだ。店長だけが社員というのも珍しくない。店長もアルバイトという例もある。

社員の給与は、パート・アルバイトと比べるとべらぼうに高い。もちろん社員のほうは、つゆほどもそんな自覚を持っていない。社員とパート・アルバイトの構成比率を逆転させなければ、黒字化は不可能だ。

（逆転させよう）

すぐに実行した。この施策は、店長会議のテーマにはなじまない。本部の仕事だ。本部が、人員構成逆転施策を断固として決行した。社員の意思を確認したうえで、元の鉄道事業や他の事業への配転を加速した。二百数十人いた社員数を、二年間で一〇〇人までに減らし、その分をパート・アルバイトに置き換えた。

書けば二行で終わるが、もちろん大仕事である。九五年度に、ようやく社員の比率が約二〇％になった。これだけで、一気にLが三〇台後半にまで下げられた。

逆転劇を記念して、パート・アルバイトの呼称を統一した。そもそも、パートとアルバイトに明確な違いはない。社会の慣例として、パート・アルバイトと続けて呼んでいるだけだ。しからば、一つにまとめた呼び方を考えよう。

「クルー」（CREW）

「唐池丸」という船に乗って航海に出るわけだから、船の乗組員という意味の「クルー」はぴったりだ。ただ、各店舗で定着するまで少し時間がかかった。クルーたちのことではない。呼称のことだ。

呼称決定後しばらくして、福岡の行橋《ゆくはし》駅のうどん店を訪れた。相良店長と話をするのはいつも楽しい。

「うちのクヽヽルが、よく働いてくれる」

ホヽッヽトな相良さんがそう言うので、逆らわずに黙ってうどんをかき込んだ。会社に戻ってすぐに指示をした。

「〝クルー〟を再度、全店に徹底しなさい。〝クヽーヽルヽ〟ではないと」

キーワードは波動と時間帯別人員配置

ここまでは、本部の仕事。

それでもまだ、L三〇にはほど遠い。ここからは、店長の仕事だ。『店長の仕事』にもそう書いてある。授業の後半に突入。

「つぎに、ワークスケジュールの勉強をしましょう」

月次PLのときと違って、今回は会場のざわめきが起こらなかった。鬼教官の言葉の意味をある程度理解していたか、まったく理解不能だったかどちらかだ。

はたして、後者だった。

レストラン経営学は、もともとアメリカで体系化されたことから、用語もカタカナ言葉がやたらと多い。鉄道専門用語で、しかも日本語だけで育った店長たちにとって、すんなりと頭に入らない。そこで、通訳役の私の出番となる。私も、少し前までは店長たちと同じレベルだったが、二カ月間の猛勉強のおかげで同時通訳ができるまでになった。

「国鉄でいうと、作業ダイヤのことですよ」

すんなりと入った。そう、皆の目が物語っていた。

「ワークスケジュールとは、従業員を曜日別、時間帯別の交替予定表（ワークシフト表）に割り振り、それぞれの作業内容を指示（作業割当）した勤務予定表のこと」と、外食業界用語集にある。

「店長は、時間帯別に適正な人員配置を決めなければいけません。そのために、ワークスケジュールがあります」

鬼教官の話を通訳すると、こうなる。

人件費は通常、固定費と見なされている。たいていの業界では、日別や時間帯別に関係なくおおむね一定の人員を配置して業務を行っている。だから、社員もしくは、社員とほぼ同じ時間数の勤務をするアルバイトが配置されている。

飲食店では、人件費は変動費としてコントロールすべきものとされる。何に対して変動するのかというと、来店客数だ。売り上げは、来店客数とほぼ連動する。来店客数は、多いときと少ないときで大きな差がある。折れ線グラフを曲線で表すと、波のようなカーブを描く。これを波動という。飲食店は、この波動が大きいことが特徴だ。季節によって、月によって、週によって、曜日によって、売り上げが高いときと低いときとでかなりの幅がある。

時間帯によっても大きく上下する。飲食店では、特に時間帯別の波動が大きい。どの日も、どの時間帯も、客数にかかわらず一定の人員を店舗に配置するようでは、飲食店の経営は成り立たない。

日別に、時間帯別に人員配置数を変えることにより、適正なサービスと適正な利益を追求することができる。従業員全員が社員だと、時間帯別に人員の配置数を変えるのは容易ではない。だから、飲食店の従業員の大半がパート・アルバイトとなるわけだ。その割合の全国平均は、九〇％といわれている。

時間帯別の客数に応じた人員配置数の標準を、決めなければならない。その値が、小さすぎると、お客さまに満足していただくようなサービスの提供が困難となる。大きすぎると店舗の利益がおぼつかない。サービス水準と効率性を天秤にかけ、標準値を決めていくことになる。

「店長の皆さんは、自分のお店の忙しい時間帯、忙しい曜日を把握していると思います。反対に暇な時間帯も頭に入っていると思います。来店客数に基づいて時間帯別にクルーのシフト数を決めてみてください。もちろん、開店の準備やお料理の仕込み、あと片づけの仕事も考慮しなければいけません。さあ、今から実際に自分のお店のワークスケジュールを作ってもらいます。来週の一週間分を作ってください。前提条件は、店長以外を全員パート・アルバイトとすること」

意識改革後の「黒字」は着実に

二時間近く、店長たちはワークスケジュール作りに没頭した。ぼーっとした表情を見せる店長も一部にはいたが、ともあれ全員が作成し終えた。全員の分を回収し、鬼教官が一枚一枚チェックをする。

「はじめての〝ワースケ〟にしては、皆さんよくできています」

店長たちは、国鉄時代に現場で「作業ダイヤ」どおりに分単位の作業をした経験があるので、〝ワースケ〟にも違和感がない。なかには、当時「裏作業ダイヤ」なるものを勝手に作って、所定の担務を離れて夜食作りに励んでいた者もいる。「作業ダイヤ」を使いこなすという点では、かなり自信を持っている。

「今作ってもらった〝ワースケ〟の労働時間から人件費を計算しました。店長の時給を三〇〇〇円、パート・アルバイトの時給を七五〇円として人件費を算出すると、Lが三〇どころか四〇をはるかに超えてしまうお店がほとんどです」

FL六〇の理想の比率にするためには、L（人件費率）を三〇前後に抑えなければいけない。

「先月勉強したように、私たちはこれから店長以外の社員の大半をパート・アルバイトに置き換えていきます。パート・アルバイトは、社員と違って一日必ず八時間労働をしなくてもいいわけです。お店の業務量に見合った人員を配置していく必要があります」

店長たちは、未知の世界に引きずり込まれていく不安と期待を胸に抱いた。いや、期待はなかったかもしれない。

「〝ワースケ〟を作るとき、『人時《にんじ》売上高』を指標にすると簡単です」

また、「簡単」だ。そろそろ、またマジシャンのような口調が始まった。

「人時売上高」というのは、一時間あたり従業員一人が稼ぐ売上高のこと。

「人時売上高」という聞きなれない言葉を耳にしても、なぜかざわめきが起こらない。いつもなら、「うちは、ニンジンなんか売っていないわい」とかいうような気の利いたセリフも飛んでくるのに。みんな真剣なのだ。

「仮に、ある一時間にお店で働くのが、社員一人とパート・アルバイトが四人だったとしましょう。時給が三〇〇〇円と七五〇〇円だから、平均時給が一二〇〇円。Lを三〇にするには、人時売上高が四〇〇〇円なくてはいけません。すなわち、一人当たり四〇〇〇円の売り上げだから、お店の売り上げは、その一時間に二万円以上でなければいけません。わかりますか」

「……」

「……」

「……」

一部の地区からの「じゃっど」も出ない。店長たちは、首をひねるだけ。期せずして全員が〝黙秘権〟の行使に入った。算数は、脳のトレーニングになる。トレーニングも過ぎると疲れる。みんな真剣に講話を聴いているが、そろそろ眠くなる時間だ。眠っているのか。

店長たちの名誉のために述べると、誰も眠ってなどいなかった。理解できなかっただけだ。それでも、必死に理解しようとしていたのだ。「まず、一日の売り上げと来店客数を予測し、それを一時間ごとに細分化する。予測した各時間の来店客数から適正な人員配置を決める。それにもとづき、ワークスケジュールを作成する。この一連の流れをマスターすると簡単にワークスケジュールができます」

教わったことを踏まえて、もう一度ワークスケジュールづくりに挑戦することとなった。一時間後には、なんとなく理想のワークスケジュールに近づきつつあるものができた。あくまでも、近づきつつあるものだが、ある手応えとともに会議終了。

その後一カ月ほど経過したのち、店長たちは、お店のワークスケジュールを作成し、それにもとづき人員配置を行うようになった。

もっとも、各店舗では社員のほうがまだまだ圧倒的に多く、パート・アルバイトが少なかったので、理想的な人員配置までにはそれなりの時間を要した。すぐに成果が出てきた店舗もいくつかあったが、すべての店舗のLが三〇近くになるまでには、二年ほどかかった。

ただ、人件費に対する店長の意識が、鬼改めマジシャンと過ごした日を境に大きく変わったことだけは確かだ。


（「外食王への道④」に続く）

私がこのころ学んだこと

- サービスとコストの両方の最適化が、経営のめざすべきものだ。

外食王への道④

ＪＲ九州は「気づき」のプロ集団

八月の第三回〝新装〟店長会議のテーマは、調理。

食材卸会社のテストキッチンを借りて、丸一日調理の基礎を勉強した。

はじめの三〇分は、恒例の私の話。毎度同じ話。だけど、店長たちは毎度同じように新鮮な驚きを目に浮かべて聴いている。そのあとの三〇分が鬼講義。

「食べ物屋さんで一番大事なことは、衛生管理です」

キッチンに入ったら、まず手洗いをする。身だしなみをきちんとすることは、衛生管理上も大切だ。店内もつねに清潔に保つ。

「お料理は、お客さまのお身体に直接影響するものです。一つ間違えば、生命にも危険が及びます。私たちは、衛生に対する意識を強く持たなければいけません」

鬼教官は、「料理」と言わず、必ず「お料理」と言う。料理に対する敬愛の念が伝わってくる。この言葉に込められたものを考えるとき、「鬼」とは別の人格であることがわかる。

ともかく、鬼教官は、くどいくらいに手洗いの大切さを説く。聞いているうちに、思い出した。鬼教官が身振り手振りを交えて熱心に語っている姿が、江戸時代の奇談集『絵本百物語』に出てくる妖怪「手洗い鬼」にそっくりなのだ。

その道のプロ＋優秀な新人＝思わぬ成果

手洗いのあとは、いよいよ調理の実習だ。

「切る」「焼く」「煮る」といった調理技術の基礎を身に付けるために、本物の食材を使って実習を行った。手洗い鬼、いや、鬼教官が手際よく手本を示し、店長がそのとおりにやってみる。

この日、新たな事実が判明した。大半の店長は、一般的な調理についてまったく得意でないということ。それはそれでいい。少しずつ訓練していけば、ある程度のレベルになる。焼き鳥、うどん、ラーメンといった、ほぼ単品メニューのお店が多く、その専門分野に限れば各店長もそれなりの技術を習得しているから問題ない。

「お料理」という言葉に込められた思いに触れただけでも、大きな成果があった。

翌九月のテーマは、接客訓練だ。

いよいよ、手嶋先生の出番だ。手嶋さんは、ロイヤル時代、いくつかの大型店の店長を経験したあと、もっぱら新規店舗の開発に力を発揮した。店長のときも開発担当のときも、クルーへの指導教育に定評があった。中園さんと同様に、指導はかなり厳しい。でも、どこかあたたかい。どんなにきつい言葉を浴びせても、従業員、つまりクルーたちは反発したり、不満に思ったりすることがないという。おそらく、その風貌で得をしているのだろう。

アニメの『ルパン三世』に出てくる銭形刑事にそっくりの顔つきなのだ。どこから見ても、「銭形のとっつぁん」だ。だから、怖い顔をして怒っても、憎まれることがない。

二年ほど後の話。JR九州の新人が、外食事業部に配属された。入社二年目の女性社員、速水桂子さんだ。九州大学卒で、少々気は強いが、才色兼備の期待の若手。主に本部のスタッフとして経理業務を担当することとなった。直接接客を担当しないが、いつでも店舗の手伝いに出ていけるように、接客の仕事についてもひととおりの勉強をしてもらわないといけない。着任後すぐに、手嶋先生がマンツーマンで接客の訓練を行った。声出し、歩き方、お辞儀の仕方、料理の運び方、注文の取り方、気配りの心得。短期間で集中的に反復訓練を実施した。

時折私もそばで、「手嶋流しごき」を眺めていたが、速水さんの覚えが早いのには驚いた。教える「とっつぁん」のほうが、けっこう汗だくになっていて、教わる「期待の若手」のほう

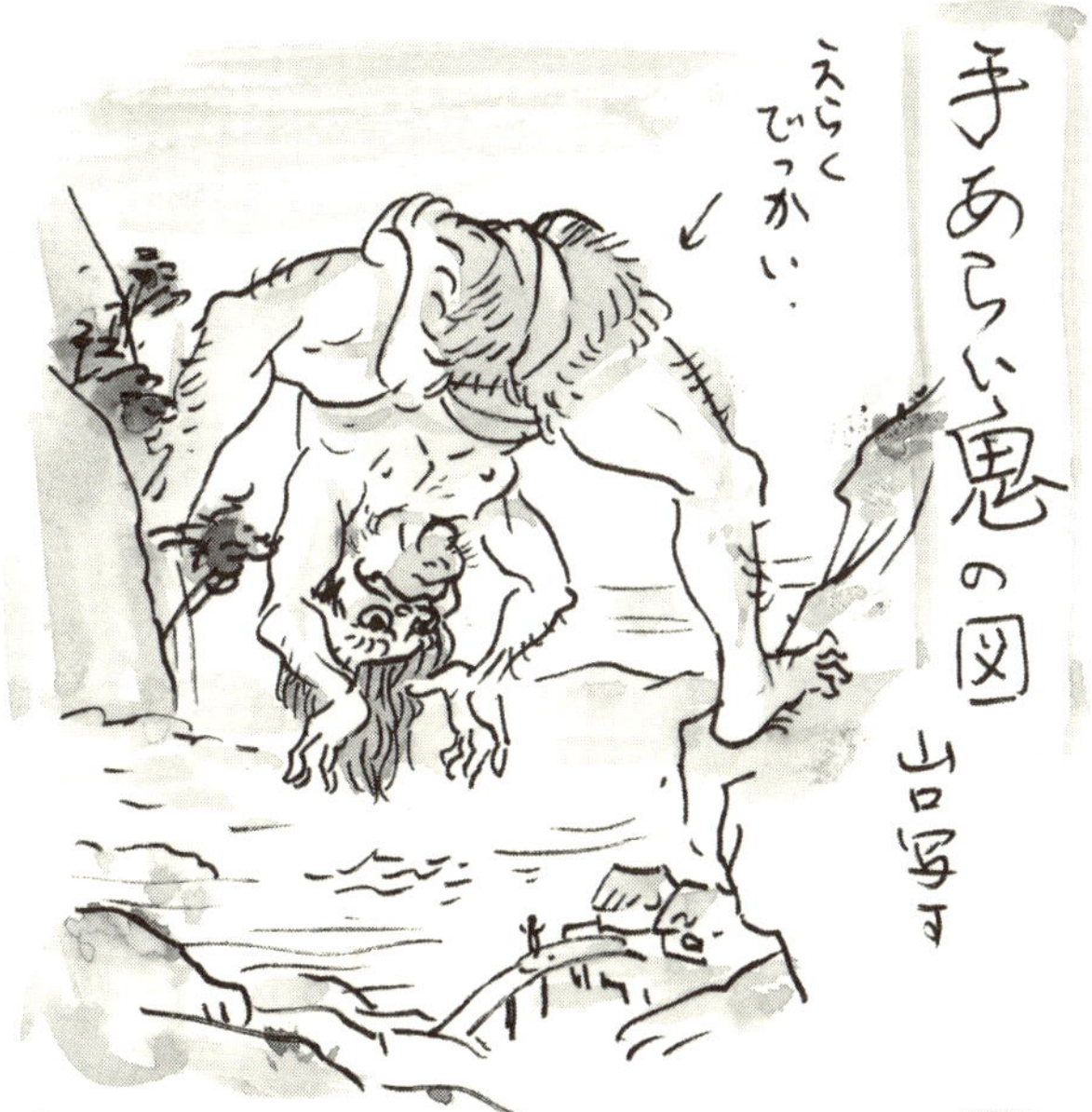

画　山口晃

が涼しい顔をしている。「銭形のとっつぁん」が、峰不二子にもてあそばれている「ルパン三世」のシーンを思い出した。

速水さんは、峰不二子なんだ。となると、剣の達人「石川五ェ門」は、さしずめ「切る」のがうまい中園さんか。ここまでくれば、あとは簡単。ルパンは、やはり……。どうでもいいことだが、私はルパンの声まねも得意としている。拳銃の早撃ち「次元」は、まわりには見当たらない。第一、拳銃がない。あったとしても早撃ちの次元が違う。

(中園さんは、鬼になったり、マジシャンになったり。とうとう「五ェ門」にまでなった)

後に、「峰不二子」は、二年半後につくった「うまや1号店」のオープンのときのクルー研修で、手嶋先生の師範代として見事な指導ぶりを発揮した。

サービス業は「入り口」が大切

「とっつぁん」が、「峰不二子」に対して行った「しごき」と同じことを、店長たちにも三時間ぶっ通しで体験させた。店長たちも真剣に、童心に返ったかのように、〝生徒〟になりきっていた。しごかれる役としては、「峰不二子」よりも店長たちのほうがはまっていた。

「声が小さい！」

「歩き方が遅い！」

「笑顔になっていない！」

「とっつぁん」からは、時々厳しい言葉が飛んでくるが、生徒たちは、不快な顔一つせず接客訓練に向き合っている。

「お店に戻ったら、今やってきた接客研修を、みなさんが先生として指導をするのですよ」

店長は、お店の中の指揮者であり、クルーたちの先生なのだ。「とっつぁん」が顔を真っ赤にして熱弁をふるう。この勢いなら、ルパンも捕まえられるかもしれない。

「お店の営業時間中は、店長は入り口を意識しなさい」

この日の店長会議の終了間際に言った「とっつぁん」の言葉は、あとあとまで私の心に残った。一〇年後にJR九州サービス部長となったとき、駅の社員に対し「気づき」の大切さを訴えたが、そのオリジナルは「とっつぁん」のこのときの教えなのだ。

お客さまが入り口のドアを開ける。間髪をいれず、入り口付近で待機している店長が、お客さまに近づき、「いらっしゃいませ」と明るく大きな声を出す。これが大事なのだと。

お客さまが店に入っても、店の誰もお客さまに気づかず、あいさつもしないとどうなるか。お客さまは、たちまち不快感を覚える。その店に対して強い嫌悪感を抱く。入ってしまったから仕方なくそのときは席に着くが、次回はないだろう。お客さまは、人は皆そうだが、自分が無視されたり軽視されたりすることを嫌う。

さあ、食事をしようと意気込んで来店されるお客さまを無視してはいけない。必ず気がつかなければいけない。お店はお客さまのことを無視していませんよ、気がつきましたよ、というシグナルが「いらっしゃいませ」なのだ。

巷のレストランでもよくある。お店に入っても、入り口付近に店長らしき人がおらず、誰も「いらっしゃいませ」を言わない。見ると、店長らしき人が、汗だくになって料理を運んでいる。これは、店長失格だ。

司令塔であり、お客さまを最初にお迎えする役（ホスト）が店長だ。そのホストが、人手が足りないのか、クルーと同じ〝作業〟をしてはいけない。店長は、入り口という定位置を離れて単なる〝作業〟にかまけていてはいけない。入り口で、お客さまを店にきちっとつなぎとめる役が店長なのだ。〝作業〟をしない我慢が必要だ。

サービス部長を任じられてからずっと、駅のきっぷ売り場での気づきのなさを指摘し続けた。駅のきっぷ売り場の一角にお客さまが入ってこられても、誰もあいさつをしない。銀行なら、店内に足を一歩踏み入れるだけで、あちこちから「いらっしゃいませ」の声が飛んでくる。お客さまが来店される姿が、行員たちの視界のすみに入っていくのだろう。あるいは、お客さまが来店されると空気が動く。その空気の動きを感知するからだろう。

銀行員は、やはり優秀な商売人なのだ。お客さまに気づくことに長けている。その点でいえば、ＪＲ九州の駅の窓口はまだまだその域に達していなかった。

月次決算、人件費のコントロール、調理、接客と、テーマを絞った店長会議を重ねるたびに、店長たちがどんどん〝店長〟になっていく。つぎは「ＦＬ」のＦ＝フードコストに迫っていこう。食材原価の適正化に向けて勉強するわけだ。なにしろ、わが外食事業部全体のＦは四〇台前半だ。ＦＬ六〇に限りなく近づけ、なんとか黒字にしなければいけない。そのための最大の課題がＦだ。ＦＬ六〇への挑戦が、いよいよ本物の戦いに入っていく。

（「外食王への道⑤」に続く）

私がこのころ学んだこと

- サービス教育の先生役は、鬼に徹するべし。
- 店長が最優先すべきことは、司令塔としての職務を全うすることだ。

コンセプトこそすべて

JR九州は言葉の感性を大切にする

「ゆふいんの森」にたずさわったあと、その運転開始日に船舶事業部へ転勤となった。一九八九年のことだ。そして翌年、博多〜平戸〜オランダ村航路に就航する高速船「ビートル」の名付け親となった。さらに、その翌年開設の博多〜釜山航路に投入した二隻めを「ビートル二世」と名付けた。「ビートル」は、その後JR九州のすべての列車のデザインを手掛けてくれた水戸岡鋭治さんと、はじめて一緒に仕事をした記念すべき作品。私にとっては、「あそBOY」「ゆふいんの森」に続く、人生で手がけた三つめのネーミングとなった。

水戸岡さんは、当時から子供と母親の関係についてよく語っていた。

「母親は世界最高のデザイナーです。子供を、子供の人生をデザインするのですから」

水戸岡さんは、デザインだけでなく言葉の感性も相当なものだ。

水戸岡さんの話から、ネーミングについて考えてみた。

世界で一番のネーミングの達人は、子供が生まれたときの親だろう。親は、子供の名前を付けるのにどんな仕事よりも熱心に勉強し、考えに考え、悩み抜く。そして子供の将来まで見通す。字画の運勢はどうか、苗字との釣り合いはとれているか、どんな人間に育ってほしいか、付けた名前で幸せになってくれるか。それこそ、名前がその子供の全人格を代表していく。

商品でいうところの〝コンセプト〟を表すのだ。企業の商品企画担当者にしても、商品名の考案にここまで真剣になる人は少ない。

しかし、付けられた子供のほうは、そんな親の意図と苦労は知らないことが多い。知人に、「素直」という名前の人がいる。その人は、どうみても素直ではない。「正直」という名前の人も先輩にいた。この人は……いや、やめておこう。こういう例は、私のまわりの人間だけかもしれない。世の中には、素直で正直な人のほうが圧倒的に多いから誤解のないように。

(圧倒的に多いかな)

伝えたいことを名前に託す

「ビートル」のネーミングは、水戸岡さんとの共作だ。

船舶事業部に来たばかりのころは、私は船に弱かった。船に乗ると、すぐに船酔いしてしまう。そういう体質だった。船に乗るのが苦手だった。

ところが、ビートルはそれほど荒れていない海なら、不快な揺れがまったくない。ふつう、船は波が穏やかなときでも、ゆらゆらとした不愉快な揺れがおさまることはない。ビートルは違う。もちろん台風や激しい季節風のときは別だが、さもなければ船に弱い私でも何時間乗っていても平気だ。ビートルの船体は、ジェットフォイルと呼ばれている高性能の高速船だ。

航空機メーカーのボーイング社が開発した（現在は製造ライセンスを持っているのは川崎重工だが）だけあって、船というよりほとんどジェット機の構造に近い。ジェット機は、強力なガスタービンエンジンで空気を前方から吸い込み後方に噴出する推進力と翼による揚力により、高速で飛行することができる。

ジェットフォイルは、空気を海水に置き換えただけ。海水をものすごい勢いで後方に噴射し、海中の水中翼の揚力で船体を海面から二メートル浮上させて高速走行する。船体が海面から離れているので、波の影響を受けない。だから、船特有の揺れを感じさせない。

これなら、船に弱いお客さまにも勧められる。ただ、それは乗ってみないとなかなか伝わらない。ジェットフォイルは揺れないということが、理解してもらえない。

実際、私もジェットフォイルに乗るまでは、わからなかった。そこのところを、どうやってお客さまに伝えるか。どうすれば、この船は揺れない、ほかの船とは違う、ということを知らせることができるか。

さまざまな方法で、お客さまに伝えていかなければいけない。ＣＭ、宣伝パンフレット、ポスターといった広告物でＰＲしていくとともに、船名からも、「揺れない」「力強い」「普通の船とは違う」というメッセージを発信することが重要だと考えた。

船名にはよく、海や魚にちなんだものが採用されるが、この船はそのようなことにはとらわれたくない。海や船を連想させず、力強くて安定しているものは何だろう。

ずっと船名のことを考えながら、二、三週間が過ぎた。

まず、浮かんだのが「ポパイ」だ。漫画のポパイには、力強いイメージがある。マガジンハウスから出ている雑誌『ポパイ』はファッション情報誌で、おしゃれな感じがする。

「水戸岡さん、『ポパイ』でどうでしょう」

船の内装のデザインの打ち合わせのために東京・池袋駅近くの水戸岡さんの事務所に伺ったとき、船名について提案してみた。

「面白いですね」

水戸岡さんは、ほんとうに賛同したとき「面白い」とは言わない。「ポパイ」に全然乗り気でないのだ。それなら「ポパイ」よりも一見強そうな「ブルート」でどうか、と言いかけたが呑み込んだ。

名前が決まると夢も広がる

さらに二週間が過ぎたころ。博多港の岸壁に停泊していた他の船社（九州郵船）のジェットフォイル「ヴィーナス」を水戸岡さんと眺めていた。我々が走らせようとしている船とまったく同型の船だ。走行中は水中深く下りている前部水中翼が、海面上に上がった状態になっていた。ずんぐりとした船体と、角《つの》のように前方に突き出た水中翼。どう見ても〝女神〟（ヴィーナス）ではない。何かに似ている。

「水戸岡さん、あの格好、カブトムシに似ていますね。船名を『カブトムシ』にしましょうよ」

水戸岡さんは、今度は「面白い」と言わなかった。

「それ、いいですね。それでいきましょう」

その場で、水戸岡さんの修正提案も受け入れた。「カブトムシ」を英語に変えて「ビートル」とすることにした。キャッチコピーも決まった。

「海飛ぶカブトムシ」

決まった船名を何度も声に出した。「ビートル」。いける。これはいい。

カブトムシなら、海とか船とかを連想させない。カブトムシは、昆虫の中でも最もパワフルなイメージがある。安定感にもつながる。いやな船酔いも浮かんでこない。何よりもユーモラスで子供たちにも人気がある。日本人にとっても、口に出しやすい文字列。あのビートルズのように世界に広がっていけ。夢が広がる。

博多～釜山航路開設から二五年経つが、今もって「ビートル」よりも「ビートルズ」と呼ぶ人が多い。「ビートル」が日韓の交流に果たしてきた功績を考えると、そんな些末なことは気にしないことにしている。というか、商標権さえ許してくれるなら、現在「ビートル」を三隻保有しているので、複数形で「ビートルズ」でもいいかなと……。

全体を貫き通す哲学＝コンセプト

四年間「ビートル」の仕事に没頭した後、ＪＲ九州の外食部門に転勤となった（九三年）。中間に経営企画部長の三年間を挟んで前半四年、後半三年の通算七年間、外食事業に関わることとなった。

この間、多くの飲食店舗を新設してきた。三〇店舗ほどだったと記憶する。そのたびに新しい店名を決めることになったが、命名権は誰にも渡さなかった。あくまでも、私の専権事項で通した。そのせいか、ＪＲ九州の中では、私以外に「ネーミングの神様」は現れなかった。

キュイーン
海のうえをすーっと進む
モーターボートみたいに
波の上で踊らない
エンジン音は『キュイーン』と
ジェット機なみ。
海とぶ
カブト
ムシ

画　山口晃

操舵室…と云うより
コクピットである。

エンジン室へ
ガスタービン
せまいので
頭注意
ガツ
てっ

ドドド
船体浮上
排気口
吸気口
ガスタービン
吸水
噴射!

飲食店の名前を考案するのに、列車名のときとは違った発想法を用いた。コンセプトだ。コンセプトを重視した。コンセプトから名前を導き出すという手法である。列車の場合は、ネーミングから入ってコンセプトにつなげた。飲食店の場合は、コンセプトから入って名前に到達した。

外食事業部次長に就いたのが、九三年四月。その年の九月に、熊本駅前に洋食の店舗を開くこととなった。六月のはじめ、部下であるスタッフが店舗名の相談にやってきた。

「熊本に新しく洋食屋を開店させます。店の名前を決めてください」

いくつかの店名の候補案から選ぶのでなく、いきなり私にゼロから考えよ、という話だ。

そのころになると、社内でネーミング上手との評判が立っていたので、スタッフはあらかじめ自分たちの案を用意せず私のひらめきに期待したのだろう。

「ところで、どんな店をつくりたいの？　どんな店にしたいの？」

「洋食というと、ちょっと気どったという感じがしますが、この店は全然気どらない洋食屋にしたいのです」

「はい、それでいこう。『気どらない洋食屋さん』で決まり！」

「はあ？」

スタッフはしばらく腑に落ちないふうだったが、店名はあっけなく決まった。スタッフもすぐに気を取り直して、納得の表情を浮かべた。

「いい名前ですね」

飲食店の経営で大切なことは何だろうか。いくつかの答えが浮かぶ。

価格。

料理の品質。

サービス。

店の雰囲気。

立地。

いずれもおろそかにしてはいけない重要なことばかりだが、それらを超えて大切なことがある。

コンセプトだ。

コンセプト。広辞苑には、「企画・広告などで、全体を貫く統一的な視点や考え方」とある。先ほどの熊本の店のコンセプトは、気どらずに気楽な気持ちで洋食を食べてもらう店、ということになる。コンセプトが固まれば、次はそのコンセプトに合致した店づくりを徹底しなければいけない。ユニフォームも、一流ホテルのコンシェルジュのような〝黒服にネクタイ〟ではなく、家庭的なぬくもりを感じさせるカジュアルなものが似合う。

インテリアでは、豪華なシャンデリアも大理石のテーブルもいらない。そんなに高価ではないけど美味しそうな雰囲気を醸し出す家具類が配されていて、掃除がすみずみまで行き届いているのがいい。メニューの価格は、あくまでもリーズナブルなところに設定する。接客サービスは、半端な高級店にありがちな〝慇懃無礼〟に陥らないようにし、お客さまにフレンドリーに明るく接する。どこから見ても、「気どらない洋食屋さん」というコンセプトが伝わるようにすることが大切だ。

街の居酒屋やレストランを視察していると、何をコンセプトにしているのかわからない店によく出くわす。

家庭料理の店なのに、かなり前衛的でモダンなデザインが施されていたりする。そのちぐはぐなイメージから、料理自体も美味しくなくなる。「全体を貫く統一的な視点や考え方」が欠如しているのだ。

高級レストランとして都心の一等地に出店したが、どういうわけか来店客数が少なく売り上げも伸び悩んでいる店。そうした店は、来店客数を増やそうと価格を下げ、店内にはやたら手書きの安価なメニューの張り紙を掲出する。当初の高級感あふれるイメージから大きく逸脱していく。コンセプトの崩壊だ。こうなると、もはや打つ手がなくなる。

外食業界の中では、わざと異種のコンセプトを組み合わせてお客さまの度肝を抜こうとする経営手法も経営者も存在するが、私の経験からすると、そうした度肝抜きは長続きしないと断言しておく。

飲食店の経営に限らず、コンセプトの徹底はすべての仕事に通じるものではないか。

デザイナーの水戸岡さんも、コンセプトを大事にする。

コンセプトなきデザインはありえない

水戸岡さんは、これまでの約三〇年間、JR九州のすべての列車のデザインを手がけてきた。もともとは、イラストレーターとしてずっと絵を描き続けてきた方だ。デザイナーとしても高い評価を受け、「毎日デザイン賞」はじめ名だたるデザイン関係の賞を総なめしている。

その〝絵を描くのが上手なデザイナー〟水戸岡さんのプレゼンテーションが一風変わっているのだ。

一九九一年春、新しい特急列車のデザインのプレゼンテーションが行われた。翌年、博多～西鹿児島間を走る特急「つばめ」となる列車だ。特急「つばめ」は、登場とともに全国の鉄道ファンからそのデザインのすばらしさに喝采を浴びた、歴史に残る名車両だ。

その車両の最初のプレゼンテーションが始まった。JR九州の鉄道関係の幹部や車両製作担当者が一堂に集まった会議室。前方の演台に立った水戸岡さんは、おもむろに一枚のパネルを壁に掲げながら聴衆を眺め渡す。

「今度の新しい列車のデザインについてのプレゼンをします。新しい列車のコンセプトは、『走るホテル』です」

聴衆は当然、期待していた。

「おそらく、パネルにホテルのようなデザインの列車の絵が描かれているのだろう。水戸岡さんの得意な〝ビジュアルなもの〟が目に飛び込んでくるのだろう」

水戸岡さんは、パネルの表面を覆っていた薄紙を無造作に剝がした。パネルに描かれた〝ビジュアルなもの〟に聴衆の視線が一斉に注がれた。〝ビジュアルなもの〟ではなかった。そこには、五つの文字しかなかった。

「走るホテル」

水戸岡さんのプレゼンには、ビジュアルなものは一切ない。あるのは、単語一つか二つ。水戸岡さんは、プレゼンの場をプレゼンの場と考えていない。JR九州の社員たちへの啓蒙の場ととらえていたのだ。

「大切なのは、コンセプトです」

水戸岡さんは、コンセプトなきデザインはありえない、と言いたかったのだろう。

今では、JR九州の社員もコンセプトという言葉を自然に使いこなすようになった。そのはじまりは、このときの水戸岡さんのプレゼンだった。

コンセプトなきマンションもありえない

コンセプトに関して、JR九州がスタートしたころのちょっとしたエピソードがある。

JR九州が国鉄の分割民営化により発足したのが一九八七年。それまでの国鉄流の仕事のやりかたを変えようと、発足と同時に社外から複数の取締役を招聘した。その一人が、当時の新日鐵から転籍してJR九州の取締役に就任された今村忠夫さんだ。今村さんは、不動産開発や流通・外食といった鉄道以外の事業の責任者となった。

新日鐵時代も事業の多角化を推進されてきた方で、まさにうってつけの人事だ。当時の最先端のビジネス情報にも通じていて、JR九州の鉄道以外の事業の旗振り役としての手腕をおおいに発揮された。今村さんの強力なリーダーシップのおかげで、事業の多角化が一気に進展した。

一方、「瞬間湯沸かし器」と陰で囁かれていたように、部下からは〝いい意味で〟恐れられてもいた。

JR九州発足直後から、多角化の一環としてマンション事業の準備が進められていた。いよいよ、はじめて分譲マンションを設計する段階にきたとき、担当者が責任者である今村取締役に第一号マンションの設計概要についての説明を行った。

「この立地に、このような設計のマンションを建設し販売したいと思います」

「うんうん、よくここまで勉強したね」

「各部屋のレイアウトはこうなっています」

「うんうん、使いやすそうだね」

ひととおりの説明を聞いたあと、最後に基本的なことを質問した。

「ところで、このマンションのコンセプトは何かね」

「……」

当時のＪＲ九州の社員なら誰でも、いや大半は、「コンセプト」という言葉を知らなかった。今村さん、少しいらだった。

「コンセプトは何かと聞いているのだ」

担当者は、質問の言葉を反芻してやっと理解した……つもりになった。

「はい、このマンションの各部屋に二個ずつあります」

（うん？　コンセント？）

瞬間湯沸かし器が沸騰した。

しかし、〝湯沸かし器〟はすぐに気を取り直して、「コンセプト」の意味を担当者に優しく解説された。

一年後、ＪＲ九州の第一号マンションがめでたく販売開始となった。同時に、今村さんが私たち船舶事業部の担当役員となった。

その人事の一報を聞いたとき、「ビートル」の船室に備え付けられているコンセントの数を調べておいた。

しかし期待に反して、今村さんに仕えた三年間、一度たりとも「ビートル」のコンセプトについて聞かれることはなかった。

私がこのころ学んだこと

- 何ごとも、すべてを貫く哲学＝コンセプトが大切だ。

外食王への道⑤

JR九州はカレーも焼き鳥も究める

覆面調査は面白い。仕事だけど、お客さまを装って訪店すると楽しい。いろいろなことを発見する。さまざまな人に出会う。多くのことを教わる。

外食事業部次長に就任した直後は、本部がある博多駅の近くの店舗を中心に視察を行った。このときは、身分を明かさない、いわゆる覆面調査である。その後は、月に一回の店長会議の合間を縫ってのことだから純粋な覆面調査とはいえないが、お客さまになりすまして九州各地に点在している五〇の店舗を片っ端から見て回った。隙《ひま》あれば店舗を訪れ、およそ一カ月で全店舗を一巡し、夏までに各店舗平均三回ほど訪れた。

美しく優秀な「センター」登場

宮崎県の都城駅にある「驛亭」都城店。店長は、柿木光哉《かきのき》さん。当時三十代半ばで、誰からも愛される優しい性格の持ち主。まじめで手抜きなど一切したことのない仕事ぶりは、いうなれば「ミスター誠実」。都城市で、この店ほど繁盛している居酒屋を見たことがない。店のカウンターに座り店内を観察していると、柿木店長がいかにお客さまから信頼されているかがよくわかる。

毎日、夕方五時のオープンから三〇分もしないうちに、四〇席あまりの店内はほぼ満席となる。何よりも、来店されるお客さまの顔つきが嬉しそうだ。

そんな店の賑わいを楽しみながら、出てきた焼き鳥を口に入れる。

(うーん……)

あまりにも美味しすぎるものを食したときには、言葉が出ない。大好きな浅田次郎さんの小説『プリズンホテル』にあった一節を実感する。そのとおりだ。

焼き鳥店だが、女性のお客さまのほうが多い。柿木さんの誠実さを認めているから、安心して何度も来店されるのだ。誠実さは、必ず見出されるものだ。

クルー(パート・アルバイト)のリーダーがまたいい。二十代後半の女性で、どこか女優の仲間由紀恵さんに似ている。

店の中央に大きな長方形の炭火コンロが据えられていて、その周りをコの字形のカウンターが取り囲み十数席の客席がある。コンロの前のセンターに、そのリーダーがずっと陣取っている。

ここのセンターに立つには、AKB48と違って、総選挙は必要ない。実力で勝ち取ったそのポジションで、汗だくになりながらてきぱきと素早く、そして見事なまでにリズミカルに焼き鳥を焼いている。見ているだけでも美味しい。熟練の職人に勝るとも劣らない焼きっぷり。

彼女は、焼きあがった熱々の焼き鳥をカウンターのお客さまの前にすぐに出せるようにということなのか、入り口に背を向けたままで、すなわち正面のお客さまのほうを向かずに、焼き続けている。焼いている最中にもつぎつぎにお客さまが入ってくる。

入り口のガラス戸は、ガラガラと大きな音を立てたりはしない。店内はつねに大勢のお客さまでざわめき、少々の音ならかき消されてしまう。入店に気づきにくいのだ。ところが、彼女は、新しいお客さまが一歩店に入った瞬間に、

「いらっしゃいませえ!」

(どうしてわかるの? 背中に目がついているんじゃないか)

ガラス戸が開いたときの、空気の微妙な動きで察知するという。

(こんなにすごいクルーがいるんだな)

〝銭形のとっつぁん〟手嶋さんが店長会議で、いつも口やかましく言っていた「入り口に神経

を集中させなさい」という教え。この店では、ずっと前から、店長だけでなくクルーが実践していた。

開店前に半日かけて料理を仕込むのは、柿木店長の役だ。昼前から、肉や野菜を串に刺す大きさにカットし、一本一本丹念に串に刺していく。開店の五時までに毎日五〇〇本ほど仕込み、カウンターのネタケースにきれいに並べていく。並行して、一品料理の煮物や酢の物も一人で黙々と仕込む。この仕込みに込めた手間が、黙っていてもお客さまに伝わるのだ。

焼き鳥を手にすると、東南アジアから輸入したような冷凍ものでないことがすぐにわかる。お客さまは、そこに柿木店長の誠実さを見出す。

開店後の焼き場を仕切るのは、仲間由紀恵さん似のリーダー。柿木店長は、彼女の交代でたまに焼き場に立つが、あとの時間は、女性客へのおもてなしで忙しそうだ。役割分担ができている。

柿木店長の優しさと、リーダーのたくましさがこの店を支えている。

見よう見まねでも、魅力的な新業態に

ＪＲ九州の外食事業は、鹿児島駅の「驛亭」からはじまった。一九八六年、国鉄からＪＲに

変わる前年だ。その「驛亭」がたちまちたいへんな評判となったために、当時すでに鹿児島県と宮崎県の主な駅に四店舗「驛亭」を展開していた。都城店は三店舗目になる。

これらの出店は、ＪＲ九州本社の指示や指導などまったく受けずに、鹿児島の社員たちだけで企画したものだ。最初は、見よう見まねで始めたと聞く。予想しない苦労も多かったはずだ。それらを乗り越えてこんなに魅力的な業態を、よくぞつくってくれたものだ。「驛亭」は、その後のＪＲ九州の外食部門の主力業態となっていった。この年（一九九三年）の一〇月に博多と宮崎に同時に二店オープンし、それらをさらに進化させた「うまや」が三年後の一九九六年に登場した。

宮崎県都城市は、「都城島津」の名で知られるように、薩摩藩の島津家の宗家にあって然るべき殿様が治めていた。都城の人たちの中には、今でも鹿児島よりも都城のほうが島津の本流だと考えている人も少なくない。鹿児島に負けない、という誇りを持っている。

この章の後半に出てくる、当時の鹿児島支社の関連事業課長森信嗣さんは、都城出身で若いころから鹿児島のエースと目されていた人物だ。早くから関連事業にもかかわっている。

「おいどんが、『驛亭』をここまでにしてきた」

口には出さないが、そんなふうに強烈な自負を持っていたと思う。食材の仕入れに関して、よもやその森課長と私が対立するとは、春から夏にかけて「驛亭」都城店を訪れたときはまったく予想しなかったことだった。そのことは、あとで述べる。

西鹿児島駅（現鹿児島中央駅）の「印度屋」もなかなかの店だった。三十代半ばの「よかにせ」（鹿児島弁でハンサム、いい男という意味）店長馬ノ段《うまのだん》祐一さん率いるカレー専門店。馬ノ段さんは、たいへんな熱血漢でカレー作りにも強い思い入れを持つ。健康的に日焼けしていて、見る角度によっては、「よかにせ」のインド人にも見える。

この店のカレーは、既製のルーを使わず、店で調合した十数種類のスパイスを鉄板で炒めてつくられる。市内で人気の老舗カレー専門店にも負けないくらいに、「美味しい」と評判の店に育った。「印度屋」は、鉄道マン出身でもここまでの味がつくり出せるのだ、という自信を私たちに与えてくれた。カレーなら毎日三度、一週間続いても嬉しい、カレー好きの私も太鼓判を押す。実に美味しい。辛さと旨みのバランスが絶妙で、深みのある複雑な味が溶け込んでいる。

従業員の接客も感じがいい。押しつけがましくなく、それでいてよく気がつく。店長の指導のおかげだろう。

お客さまは、「印度屋」の一皿のカレーに込められた手間を見出す。

（飲食店で大事なことは、手間をかけることなのだな）

店舗視察は、実にいろいろなことを教えてくれる。

人気店にも改善点は隠れている

鹿児島では、川内《せんだい》駅の「驛亭」にも、夏までに何度も訪ねた。

書いていくと、どうも鹿児島地区の店ばかりになるが、そんなことはない。他の地区の店にもまんべんなく訪れている。ただ、この「川内店」には、最も多く通った気がする。

「他の店よりも視察の頻度が高すぎるんじゃないですか」

本社のスタッフから、けげんな顔をされた。

理由は明快。串焼きが抜群に美味しい。特に、この店の豚バラの串焼きがいい。それに牛さがりも。どちらもボリュームたっぷり。甘辛いタレがよく浸《し》みていて、一度食べると病みつきになる。だから、他の店よりも多く訪れることになる。もうこれは、店舗視察の域を超えている。完全に串焼き好きの一人の〝お客さま〟になっている。このような視察で給料をもらっていいのだろうか。いい。問題ない。これこそ仕事なのだ。

食の仕事は、食べることからはじまる。鬼教官の中園さんも、そんなことをよく言っていた。自分に言い聞かせながら、目の前につぎつぎに出される串に手を伸ばす。

（うん、仕事だ。いい仕事だ。これは、間違いなく仕事だ）

何度目かの視察の際、試食をひととおり済ませたあと、少々〝本物の〟仕事に取りかかることにした。

「ところで、この豚バラと牛さがりって、何グラムあるの」

ちょうど焼き場を離れてこちらに近づいてきた店長に、他の〝本物〟のお客さまに聞こえない程度の囁くような声で、仕事らしい質問を投げかけた。

「はい、どちらも八〇グラムはあると思います」

店長は、質問の意図を誤解したのか、なぜか「どや顔」になった。原価率が心配になってたずねたのだが、店長はボリュームの大きさを自慢したがっている。

八〇グラム？　どう見ても、一〇〇はある。メニュー表を見ると、豚バラ一四〇円、牛さがり一五〇円とある。仕入れ値にもよるが、この二つの原価率は六〇％を超えているのではないか。

「レシピでは、何グラムになっているの」

「レシピは、もう少し小さいと思います」

レシピなんかに頼っていない、と言わんばかり。この二つのメニューは、お客さまから特に人気だそうな。そりゃ、そうだろう。これだけ、味もよくボリュームもあればみんなオーダーするだろう。仕事のために試食している私でさえ、この豚バラと牛さがりには参っているのだから。

ネタケースに並べられている他のどの串も、どことなく大ぶりだ。店全体の原価率を聞くと、四〇％前後とのこと。

本部で取り組みはじめた原価率の低減施策は、もっとスピードを上げて実行しなくてはいけない。しかし、この二つのメニューのボリューム感は維持したい。そんなふうに思いを巡らせた「川内店」の視察は、意義のある〝本物〟の仕事となった。

外食にも王道と「俺流」がある

ＦＬ六〇のＦ、すなわち原価率についてあらためて詳しく述べてみる。

外食業界では、食材にかかるコストを食材原価、あるいは原価という。原価率とは、売り上げに対する原価の比率のことで、これがＦだ。フードコストfoodcostの頭文字からくる。ちなみに、Ｌはレイバーコスト（laborcost）からきており、売り上げに対する人件費率のこと。

わが外食事業部の前年度（一九九三年度）の原価率は四〇％台前半。これを三〇に近づけなければ、ＦＬ六〇という理想の比率の達成は難しい。

ただし、この六〇とか三〇とかいう値は、あくまでも当時の一般的な飲食店の標準値であり、店舗の業態や店舗がめざすもの（経営方針）によって大きく異なる。また、近年その数値にこだわらず、独自の経営指標を定めて店舗運営を行う店が脚光を浴びてきている。

当時出まわっていた飲食店経営の教科書には、必ずＦＬ六〇、あるいはそれに近い言葉と数字が書かれていた。実際に、多くの飲食店経営者はこの数字を目標にして原価率の低減に努力していた。私たちも、例にもれず、ＦＬ六〇の達成に向けて邁進していた。当時のわが外食事業部の惨憺たる赤字の状況を考えれば、けっして間違っていない取り組みだったと思う。

しかし当時（一九九三年ごろ）から、他の飲食店のなかには、ＦＬ六〇とはかけ離れた経営戦略を打ち出すところもあった。たとえば、一〇〇円ラーメンの店や、一五〇円うどんの店など。あるいは、しゃぶしゃぶ一〇〇〇円で食べ放題の店などがそうだった。

原価率が四〇にも五〇にも跳ね上がっている店がいくつもあった。そうした店は、ＦＬ六〇よりも、店の回転率をいかに高めるかに経営の重心を置いている。原価以外のコストを一定に抑えれば、原価率の高くなった分を売り上げ増でまかなえ、利益が出るという仕組みだ。

飲食店の回転率とは、一日の来店客数をその店の座席数で割ったものをいう。たとえば、座席数が二〇席の店に一日六〇人の来店客があれば、六〇割る二〇で、回転率が三となる。

今大人気で、ブームを巻き起こしている「俺の〇〇」シリーズ。一号店は二〇一一年九月に開業した、わずか一六坪の「俺のイタリアン」（新橋本店）だった。オープンと同時に大評判を呼び、今や「俺のフレンチ」「俺の焼肉」なども含めて東京を中心に三〇店舗前後を展開中だ。

なぜ、そんなに人気なのか。まず、原価率が高い。「俺」シリーズは、平均約六〇％といわれている。高級な食材を使いながらも、値段は居酒屋並みに抑えている。ある日、目にしたメニューでは、最高級の牛ヒレを使った「牛ヒレとフォアグラのロッシーニ」が二四八〇円、「フランス産フォアグラと若鶏のパイ包み焼き」が一一八〇円。

そして、料理人に一流シェフを揃えている。なかには、ミシュランの星付きレストラン出身のシェフもいる。プロが調理した本格的な料理が出される。これで人気が出ないわけがない。

いずれの店舗も、かなり利益が出ている。回転率がふつうの店の三〜四倍となるからだ。ふつうのイタリアンやフレンチの店では、ディナータイムにせいぜい一回転もすればいいほうだ。「俺」は、三回転から四回転はする。同じくらいの席数の店よりも売り上げが三倍も四倍も大きくなる勘定だ。原価率以外の費用は、ほぼ一定なので利益が出ることになる。

高い原価率。一流の料理人。高い回転率。「俺」流は、現代の外食の三冠王と呼べるかもしれない。

そういえば、プロ野球の落合博満選手（現中日ドラゴンズＧＭ）も「俺」流を通して三冠王を三度も獲得した。

落合選手のことはともかく、「俺」流の出現は、従来の飲食店成功の方程式である「ＦＬ六〇」の常識を多少切り崩すことになった。もちろん、ＦＬ六〇の考え方は今も生きていて、王道であることには変わりはない。

仕入れ先は一括化＝今や常識

Ｆの適正化については、一〇月の店長会議のテーマに取り上げるとともに、並行して本部でもさまざまな取り組みを加速した。原価率が高い理由は、いくつか考えられる。

①　食材の仕入れ値が高い。
②　ポーションオーバー、すなわち、レシピよりも食材の分量が多い。
③　食材のロスが大きい。
④　過度の安売り、あるいは、サービスという名目での商品の無料提供が多すぎる。
⑤　棚卸しが正確でない。

他にもあるが、おもなものはこれくらい。

②のポーションオーバーについては、レシピに定められた分量を守ることが第一だ。実態は、あまりにもレシピが無視されていた。ただし、「俺のイタリアン」のように、戦略的に原価率を高くするメニューは別だ（「驛亭」川内店のケースは、戦略的といえるかどうか少々疑問は残るが）。これについては、レシピを実態に合わせるか、売価を上げるかということにした。

③のロス退治は、在庫が多すぎないように適正な量の発注につとめることと、食材の品質管理を徹底することをあらゆる機会で口やかましく指導していった。

④は、無駄な販促のこと。なじみ客に惰性でなされていた無料提供を、厳に戒《いまし》めた。

⑤については、月末の棚卸しの際、各店舗に極力本部のスタッフを派遣し、正確な数量管理を行うよう徹底した。

本部として、最も力を入れたのが①の食材の仕入れ改革だ。

それまでは、各店舗で個別に仕入れ先を決め、仕入れ価格も店長の裁量にまかせていた。裁量というと、現場に権限を委譲して、効率的で機動的な運営ができているように聞こえるが、そうではなかった。実態は、仕入れ先の都合のいい価格と条件で、購入させられていたのだ。

店舗によりばらばらだった仕入れ先を絞り込み、本部一本の契約とした。仕入れ先は、価格、品質、配送条件などを勘案し、当社にとって一番有利になる仕入れ先を選んだ。そのうえで、本部が仕入れ先と価格交渉を進めた。

結果、どの食材もそれまでよりもかなり安く調達することができるようになった。この仕入れ先の絞り込みと価格交渉だけで、Fが三～四ポイント下がった。

「功労者」もたまには敵に

こう述べると、いとも簡単に下がったように思われるが、もちろん、多くの苦労を伴った。

先に述べた、〝鹿児島のエース〟森信嗣関連事業課長は、もともと外食事業が好きで、外食事業に〝妙に〟詳しく、鹿児島支社では外食事業においても「ドン」的存在だった。二年後に、鹿児島支社で一番大きな駅、鹿児島中央駅の駅長への栄転を果たした大物だ。当時の年齢は、五〇歳のちょっと前。

四八歳のときに、一念発起し、富士山の麓で開催された、民間の社員研修機関が主催する管理職養成研修「地獄の特訓」に参加した。そのころ、「地獄の特訓」は、企業やビジネスマンの間で、名前のとおり〝地獄〟のような訓練としてつとに有名だった。

「夜間四〇キロ行進訓練」や「駅頭大声歌唱訓練」など軍隊の訓練のようなカリキュラムが約二週間ぎっしりと組まれている。途中脱落者は後を絶たず、生半可なことでは全日程を修了できるものではない。森課長は、この激烈で過酷な訓練に高額の受講料を自ら負担し、期間中脱落もせず見事修了したと聞いていた。均整のとれた大柄な体つきと鬼瓦のような顔は、「筋金入り」を体現するかのようだ。

「『驛亭』は、おいどんがこしらえた」

口には出さないが、驛亭を語るときの表情が自信にあふれている。「驛亭」をここまでにするのに、多くの人から助言と指導をもらった。なかでも、仕入れ先からは、商売のいろはを教えてもらったという。酒屋からは、「驛亭」オリジナルの焼酎までつくってもらった。

「驛亭」一号店の鹿児島駅店から七年。この間、仕入れ先から有形無形の支援があったからこそ、「驛亭」が四店まで成長してきたのだと、彼は主張した。

その仕入れ先をゼロから見直し、場合によっては取引をやめることになる。そんな、本部の施策に真っ向から反対の狼煙《のろし》を上げたのが、ほかでもない森課長だった。

数字も最後は「二メートル以内」で勝負

森課長の意向を私に伝えてくれたのは、五カ月前のあの〝軍団〟に生まれ変わった店長会議からずっと私を応援してくれている鹿児島地区事業所長の川口隆馬さんだ。当時の組織はシンプルでなく、川口さんは私の指揮下にあると同時に鹿児島支社で森課長の部下でもあったのだ。支社は支社長以下で地域のすべての業務を統括する組織であり、川口さんの人事権も森課長に属していた。川口さんも、森課長の主張は黒字化に向けて邁進している外食事業部の方針とずれていると感じていた。私に森課長の話を伝えるその顔は複雑なものだった。

私の出番だ。二メートル以内で森課長と直接対面するしかない。鹿児島にすぐに出向いた。

森課長と直談判。

「いやあ、森課長、鹿児島支社がつくってくれた『驛亭』は、すばらしいですな」

森さんは、外食事業部の次長がこの日何をしに鹿児島にやってきたかよくわかっている。だから、協議がはじまったときは表情が硬かった。いきなり「驛亭」の話になり、それもかなり心地よい話なので、拍子抜けしたのか雰囲気が柔らかくなった。

「『驛亭』は、わが外食事業部の主流に育てていきましょう。ぜひ、森さんにいろいろと学ばせていただきたい」

〝鬼瓦〟が仏様の顔つきに変わっていく。

「カレーの『印度屋』も最高ですね」

約二時間の会談のうち、鹿児島の店舗の優秀さについて語り合ったのが一時間五〇分ほど。そして、最後の一〇分であっけなく話がまとまった。

酒類の仕入れ先については、これまでどおりの鹿児島の酒屋とする。ただし、仕入れ値は、本部の決めたものと同じにする。その他の食材仕入れについては、本部の方針どおりとする。

あのとき、あれほど仕入れの見直しに抵抗した森課長は、後年無事に鹿児島中央駅長を勤めあげ、JR九州を定年退職された。

ちょうど同じ時期、一九九六年四月、外食事業部が黒字転換を成し遂げ、分社化を果たした。JR九州フードサービス株式会社の誕生だ。新会社の取締役の名簿には、森信嗣さんの名前があった。私が三顧の礼をもって森さんを役員に迎えたのだ。

森さんは、新会社で「地獄の特訓」の成果を遺憾なく発揮され、期待どおりの活躍をしてくれた。特に、FL六〇の監視役として、絶えずお店をまわり、店長を厳しく指導していった。

「あなたのお店は、先月は労働時間を使いすぎていたね」

「〇〇店長、原価率が最近、標準よりも一ポイント高いですよ」

仕入れ改革のときの鬼の形相が、嘘のようだ。鬼瓦が優しく語りかけるのだから、効果抜群だ。時には若い店長たちの親父となり、時には会社全体のご意見番となってくれた。

意見が違ったり対立したりする人と二メートル以内でじっくりと話し合うと、わだかまりが消え、以前より親しくなる。時には、最大の友になることも少なくない。

（「外食王への道⑥」に続く）

私がこのころ学んだこと

- 手間をかけ誠実に徹した仕事や商品は、お客さまを感動させる。

画　山口晃

外食王　唐池恒二

１９９３年（40歳）〜

４年間の船舶事業部勤務を経て、１９９３年４月、ＪＲ九州外食事業部次長を拝命。本書内「外食王への道」で６篇にわたってご紹介したとおり、元鉄道マンの店長たちとともに体質改善、組織改革に乗り出し、「お荷物」から黒字化を達成。96年４月、本社の承認をとり、同事業部をＪＲ九州フードサービス株式会社として別会社化、同社初代社長に就任。同年４月20日に初の駅外店舗「うまや」１号店を、福岡市で当時最も注目を集める商業施設だったキャナルシティにオープン。「月坪80万円」という伝説的な売り上げを記録。97年６月、経営企画部長として本社に帰任。現在に続く社内組織の編成、グループ会社の経営管理ととりまとめ役を担った。

外食王への道⑥

ＪＲ九州は常識を覆す

一九九三年四月に外食事業部次長に就任し、そこから三年間、外食事業部の再建に全力を傾けた。前年度、九二年度の決算で同事業部は、売り上げ二十五億円、営業損失八億円という、事業の規模からすると途方もない赤字額を計上していた。

就任直後の四月の店長会議で、外食事業部が〝戦う軍団〟に生まれ変わった。店長たちは意識を一変させ、情熱に火をつけた。

「俺たちは、負け犬になりたくない!! なんとしても外食事業を黒字にしよう」

言葉に出さなくても、目の輝きが物語っていた。

幸い、先生に恵まれた。

第一の先生は、鬼教官こと中園正剛課長、そして銭形のとっつぁんこと手嶋繁輝副課長というロイヤル出身の二人だ。この〝外食のプロ〟たちが、本気になって店長たちを鍛えてくれた。

第二の先生は、同業他社の外食企業だ。特に東京で成功している外食会社の経営者や大阪の私鉄の外食部門の責任者のもとへは足繁く通い、教えを乞うた。

第三の先生は、本だ。書店に行くと棚にずらっと飲食店経営の指南書が並んでいる。何冊も読んだが、特に勉強になったのは、井上恵次氏の著書『店長の仕事』だった。

この三者三様の先生から学んだことは、すぐさま実行に移していった。

店長会議を毎月の開催とし、月ごとにテーマを変えて飲食店経営のいろはを店長たちと一緒になって勉強した。

その年の六月は「月次決算」、七月は「FL六〇」と「ワークスケジュール」、八月は「調理の基礎」、九月は「接客」、一〇月は「原価率のコントロール」と、毎回半日ぶっ通しでの密度の濃い勉強会となった。店長たちも四月までとはまったく別人のリーダーへと成長していった。ついでに、私もそうなった。

再建活動開始から半年経った一〇月一日に、博多駅と宮崎駅のそれぞれの駅前に、新しく店舗を同時に開いた。半年間の勉強の成果を試す絶好の機会である。

業種はともに居酒屋とした。店名は、もちろん「驛亭」。鹿児島での「驛亭」の成功を見て、それを九州各地に拡大していく腹を固めたのだ。

「驛亭」宮崎駅店については、初代店長の小倉貞治さんや後年二代目店長となる楠見利則さんら四人の社員を四月から四カ月間、大阪の焼き鳥専門店に研修に行かせた。大阪でも指折りの繁盛店だったから、四人にとっても収穫が大きかったようだ。さらに、開店の助っ人要員として、鬼教官ととっつぁんを宮崎に送り込んだ。

「驛亭」博多駅店には、「驛亭」鹿児島駅店で鍛えられた安留利夫さんを店長にし、JR九州の本部からのバックアップ態勢も整え、万全を期して開店に臨んだ。

人事を尽くしたあとに来た、忙しくおいしい時間

開店当日、私は迷ったあげく宮崎駅店のほうに詰めることにした。気になる博多駅店の状況については、逐一電話で連絡をもらう手はずを整えた。

両店とも、午前一一時オープン。

はたして、ランチタイムにお客さまが来店してくれるだろうか。

これまで驛亭でランチの営業をしたことがなかった。元祖の鹿児島店でも、夜の営業しかやっていなかった。居酒屋として夜の営業の経験は、両店長とも十分すぎるほど積んできたが、ランチとなるとまったくの別世界、というのが外食産業である。

ランチメニューの開発と調理の指導は、鬼教官が開業までに辣腕をふるった。クルーへの接客研修は、とっつぁんが手取り足取りの訓練を行った。やるべき準備はすべてやった。

宮崎駅店では、開店と同時にお客さまがどっと押し寄せた。店内はたちまち混雑し、クルーたちもかなり混乱してきた。入り口付近でクルーたちにてきぱきと指図しているとっつぁんが、私をちらっとにらんだ。

もともと店の仕事に入り込まず、店の外でお客さまの来店状況を観察するつもりだった私も、一一時半ごろには店の中で料理を運んでいた。手伝わざるをえない、とっつぁんの目つきだった。しばらくの間、とっつぁんの部下になった。


一二時ごろ、博多からの情報が入った。博多駅店も、宮崎と同じく大入り満員とのこと。そのころ、私は宮崎駅店で単なる見習いクルーからクルーリーダーに昇進していた。わずか三〇分のスピード出世だ。見習いには難しいとされる、「注文取り」まで見事にこなすようになっていた。

一三時を過ぎても客足が途絶えない。私は、というと、リーダーの上には昇進しないままだった。注文取りと料理運びに追われていた。

博多は、一三時までに三回転以上したという。四〇坪七〇席の中型店舗で、ランチタイムだけで三回転したというのは驚き以外の何物でもない。あとで聞くと、結局ランチ営業で四回転近く、二五〇人をはるかに超える来店客数だった。

宮崎も負けてはいない。同じように一三時までに四回転した。四〇坪弱六〇席だから、こちらも二時間で二〇〇人を超えるお客さまを迎えたことになる。

両店が、「驛亭」グループではじめてランチ営業に取り組んだ。結果は、といっても初日だけだが、予想を大きく上回る好成績だった。

一七時。さあ、いよいよ本番の焼き鳥店の真価が問われる夜の部がやってきた。博多の連中も、相当意気が上がっているようだ。宮崎でも、小倉店長以下従業員一同ランチの大賑わいの疲れも何のその、本番に向けて緊張感を漂わせている。朝からずっと調理場を采配している鬼教官こと中園さんの顔には、少しも疲れた様子が見えない。とっつぁんこと手嶋さんの表情は、朝よりも生き生きしている。

「驛亭」が得意とする居酒屋業態で、ランチ以上に売り上げを伸ばすことができるか。小倉店長と鬼教官ととっつぁんの三人の目の輝きを見ると、間違いなくうまくいくだろうと確信した。

開店と同時に、つぎつぎとお客さまが入ってくる。三〇分もしないうちにほぼ満席。クルーたちは、注文を聞いて調理場に伝え、調理場から出来上がった料理をテーブルに運ぶ。数人のクルーが交錯しながら、店内を歩きまわる。店内が、心地よい「気」に満ち溢れている。

調理場の焼き台の前には、数年後に二代目の店長となる楠見利則さんが陣取っている。夕方は、クルーとしての私は休みをもらった。カウンターの端の席に座り、楠見さんが焼いてくれる焼き鳥を試食するのが私の役目となった。いや、正しくは「強引に役目にした」のだ。

半日で、クルー見習いからクルーリーダーに昇進し、さらにお客さまにまで上り詰めた。外食業で最も大切な「試食」という仕事を、自分に課したためだ。

「試食」というとみんなが羨ましがり、いかにも楽しそうに見えるが、実際にその役に付くとこれほどつらいものはない。

(ということにしておこう)

「試食」のかたわら、楠見さんの仕事ぶりを観察した。後日、楠見さんのことを原稿にしたため、社内報に掲載した。その一文を紹介する。

(ほら、仕事しているでしょう)

〈当社には、名人が多い。

まず、楠見名人。

彼は、焼き鳥を焼かせたら、今九州で、いや日本で一番うまいのではないか。けっして誇張ではない。

彼の焼きっぷりを観察していると、流れるような軽快さで焼き台の前を左右に動き、焼き鳥の串を次々にひっくり返していく。スピードとリズムが小気味いい。動きに無駄がない。塩を焼き鳥に振りかけるしぐさは絶品。

とにかくおしゃれでセクシーなのだ。最高のパフォーマンスだ。見ているだけで美味しそう。実際、彼の手で焼かれた鳥皮やささ身は、塩加減といい、焼き加減といい、ほどよい焦げ具合といい、ほんとうに美味である。

彼は、焼き台で一心不乱に焼き鳥と格闘しているだけではない。焼きながら店の隅々まで目と心を配っている。入口にお客さまが見えると、真っ先に「いらっしゃいませえ！」と元気な声を出す。〉

夢の黒字まではあと一歩の努力を惜しまず

楠見さんの踊るような焼き方に見とれているうち、店内はますます賑わってきた。支配人役のとっつぁんも、昼と違って私をにらまない。満席でも、ランチタイムより気持ちの余裕があるのだろう。ランチは約一時間半で三回転したが、夜の部は三時間あまりで一・五回転もすれば上出来。注文の集中する一定の時間が過ぎれば、割とゆったりとしたリズムを維持できる。博多の夜の部も宮崎同様、店内がお客さまでひしめき合っているらしい。

二三時過ぎ。最後のお客さまを見送って店じまい。

「お疲れさまぁ！」

小倉店長が、店のみんなに声をかける。全員疲れ果ててはいたが、達成感を感じている。予想をはるかに上回る来店客数。忙しかったが、充実していた。みんな、そんな表情だった。

結果として、博多、宮崎両店ともその日の売り上げが五〇万円超。驚きの数字を叩き出した。大成功だ。

小倉店長や楠見さん、中園さんに閉店時刻は関係ない。今から、明日のランチの仕込みが始まる。

翌日、開店二日目。昼も夜も、初日とまったく同じ状況となった。違うのは、小倉店長ら社員と中園さんは一時間しか睡眠をとっていないということだけだ。

三日目。この日も店の状況は初日、二日目と変わらず大賑わい。違うのは、睡眠が三時間とれたことだ。

四日目。状況変わらず、来店客ひっきりなし。睡眠時間も三時間変わらず。

一カ月経った。一〇月の売り上げがまとまった。宮崎駅店が一四〇〇万円、博多駅店が一一〇〇万円（宮崎駅店は年中無休だが、博多駅店は土日休業だからこの差となる）。両店とも予想の二倍近くの数字をあげることができた。特に、宮崎駅店は月坪四〇万円という高い効率となった。

月坪というのは、店舗の月間売上額を店舗の面積（坪）で割ったもので、面積当たりの売り上げ効率を評価するときに使われる。面積が三〇坪で月商六〇〇万円の店舗の月坪は、二〇万円となる。ふつうの飲食店では、月坪一〇万円から一五万円くらいだ。

東京以外では、一〇万円前後の店が多い。二〇万円までいくと、繁盛店といっていい。博多駅店の月坪三〇万円もすごいが、宮崎駅店の四〇万円はもはや夢のような数字だった。

「お荷物」を新会社に押し上げた一年目の計

かくして、再建六カ月でこれほどの好業績の店舗を二つ同時に実現したことは、私にとっても、外食〝軍団〟全員にとっても大きな自信となった。これまでの取り組みが正しかったのだ。進むべき方向も、より明確になった。

翌年四月、再建一年目、九三年度の決算がまとまった。前年度八億円の赤字が五億円まで小さくなった。とはいえ、まだまだ黒字化まではほど遠い。コスト削減についても年度の半ばから本格的に取り組んだことだし、売り上げ増についても宮崎、博多の両「驛亭」のオープンが一〇月だったこともあり、一気に一年目に黒字にするのは無理だとわかっていた。しかし、一年目の取り組みを続ければ、早期に黒字化を達成することができるという確信が持てた。

二年目、九四年度も、毎月の店長会議で徹底的に店長たちといっしょになって勉強を積み重ねた。コスト削減についてはすべての経費の洗い直しを進めた。特に、一年目につくった人件費削減計画を強力に推進したのが奏功した。

すなわち、社員のクルー（パート・アルバイト）への置き換えが加速されたのだ。クルーが、店舗の主たる戦力になっていった。その結果、人件費の大幅な削減が可能となった。皮肉なことに、接客サービスのレベルもクルー化の進展とともに格段に向上した。なによりも、店長たちが見違えるような〝店長〟に成長した。宮崎、博多の両「驛亭」の経験を活かした店づくりを既存店にも拡大するとともに、新店も積極的に展開していった。

（波に乗ってきた!!）

九四年度の決算が出た。九二年度が八億円、九三年度が五億円だった赤字が二億円にまで縮小した。

（もう一息だ。がんばれ！）

このころになると、ＪＲ九州の社内の外食事業部に対する見方が変わってきた。二年前の九三年三月、外食事業部次長に就任したころは、「外食事業はＪＲ九州のお荷物だ」と陰ながら、時に公然と批判されていた。私も店長たちも、ある意味、そうした声に対して奮起したことが黒字化に向けてのエネルギーになったともいえる。二億円という額は、けっして小さな数字ではない。しかし、このころには、そしてこのペースで経営改善を進めていけば、黒字化も手の届くところまできたとの実感を得ていた。

九五年夏、ＪＲ九州本社の役員合宿が開かれた。毎年この時期に本社を離れてホテルに泊まり込んで、長期的課題について役員全員で勉強し議論する場なのだ。

この年のいくつかあるテーマの一つが、「外食事業部をどうするか」だった。

私も説明役として出席し、外食事業部のこの二年あまりの取り組みとその結果について役員たちの前で熱弁をふるった。

まずは、二年前に私がつくった、「ＪＲ九州の外食事業の今後の展望と戦略」と題したリポートから。その中に「三年間で黒字にし、その後すみやかに分社化をする」ことを掲げていた。

「このリポートの計画よりもいいテンポで黒字化に向かっています。今年度中に黒字になります。ぜひ、来年、九六年四月には分社化したい‼」

その場にいる役員全員が、納得の表情を浮かべていた。評価が二年前と一八〇度変わったと実感した。その合宿で、外食事業部まるごと翌年、九六年四月に分社化することが決まった。

八ヶ月後、九五年度の決算がまとまった。売り上げが二七億円、利益が一〇〇〇万円。役員合宿で約束した通り、わずかだったが黒字化を達成した。

九六年四月一日、ついに「ＪＲ九州フードサービス株式会社」が発足した。分社化を果たし、新会社の誕生となった。

過去の成功は超えなければならない

同じ月の二〇日に開業したキャナルシティ博多（福岡市）の中に、「うまや」一号店を出店した。キャナルシティ博多とは、福岡を代表するデベロッパーの福岡地所が社運を懸けてつくった巨大商業施設だ。

出店の話がまとまったのは、分社化を決めた役員合宿の直後だった。キャナルシティのテナント誘致担当者が私のところにやってきた。

「博多駅の『驛亭』はすごいですね。間違いなく地域一番店ですよ。ぜひ、来年オープンするキャナルシティに『驛亭』を出店してもらいたい」

外食業界は、繁盛店を一つ持つとあちこちから出店の引き合いが来る。それだけ、博多駅の「驛亭」が評価されたということだろう。とりわけキャナルシティの担当者の来訪は嬉しい出来事だった。キャナルシティは、開業前から九州のみならず全国から注目されていたからだ。

二週間後に担当者が再来訪したとき、決断をした。

「出ましょう」

この一言に担当者は心底喜んだ。こちらも、JR九州としてははじめて駅以外の市中に店舗を開設することになるから、感慨もひとしおだった。

（とうとうここまで来た）

それと同時に、市中で対等に競合店と争うという事実に緊張感が高まった。市中に出るからには、今までどおりの店のレベルではいけない。博多駅の「驛亭」が評価されたから出店の話が舞い込んできたわけだが、だからといって「驛亭」のままで市中に出るつもりはない。

（「驛亭」を超える店をつくろう。市中のライバルたちにも負けない店をつくろう）

業態は、「驛亭」と同じく焼き鳥居酒屋。それでいて、店づくりも商品もサービスも「驛亭」を上回り、他店との競争にも打ち勝つような店でなければいけない。

外食事業部の全知全能を傾けて、新しい店づくりにとりかかった。

まず、店名は「うまや」とした。「駅」（旧字体では「驛」）と書いて訓読みすると「うまや」。この言葉はもともと、古代中国の駅伝制度に由来する。日本でもこれに倣《なら》い、律令制の下、街道筋に人夫と馬をそろえたこれが置かれ、旅人の便をはかった。江戸時代には旅人が宿泊する宿の近くにこの「駅《うまや》」に相当するものがあり、馬だけでなく旅人もそこで食事をしたり宿泊をしたとも聞く。

「驛亭」から連想した言葉で、「うまい」(美味しい)という言葉の響きにも通じる。

店名が決まると、店の外観も内装も店名に合わせ、往時の「うまや」のイメージを模した和風のしつらいとなった。

新しい食材探しにも力を入れた。

佐賀県の山中で自然に飼育されている「みつせ鶏」。一般の鶏肉では考えられない、臭みのない素直な味と柔らかい食感がいい。

佐賀県・唐津市の川島豆腐店の「ざる豆腐」。全国から美味しいと評判の豆腐を取り寄せ、それらを何度も試食した。一つ一つは、なるほど評判になるだけあってどれも美味しいが、比較しながら試食すると断然、川島豆腐店に軍配が上がる。

この二つの食材を使ったメニューが、キャナルシティの「うまや」の開店後たちまち評判を呼び、その後、多店舗展開する「うまや」の主役になっていった。

二〇〇六年四月二〇日キャナルシティにオープンした「うまや」は、連日超満員となった。四〇坪あまりの店舗で、毎日一〇〇万円を超す売り上げが続いた。

五カ月後。「うまや」は、はやくも店舗の設備投資資金を回収することとなった。

新会社発足とともに〝怪物〟の店舗が生まれた。当然の流れとして、その年に福岡最大の繁華街、天神にも〝怪物〟二号店を出した。

こうして、JR九州外食事業部の黒字化が果たされるとともに〝怪物〟がつくりあげられた。JR九州フードサービス株式会社の初代社長に四三歳で就任した私も、発足一年目を黒字でスタートすることができたことに、大きな喜びと、心からの安堵をかみしめることとなった。

外食再建物語第一幕は、めでたくエンディングを迎えた。

社長を一年務め、JR九州経営企画部長に戻った。このときは、まさか物語の第二幕が待っていようとは予想だにしなかった。

三年後に再びJR九州フードサービスに社長として戻り、第二幕の舞台に立つことになる。二度目の外食事業の再建を主導し、「うまや」の東京進出を成し遂げるまでの話は、いずれ機会があれば述べる。ここで、第一幕は「完」とする。

私がこのころ学んだこと

・学んだことは、すぐに実践に生かす。

画　山口晃

再び外食王　唐池恒二

2000年（47歳）～

グループ会社を管理する経営企画部長として、古巣の不振を報告したところ、「また君が行きたまえ」の一言で2000年6月、JR九州フードサービス株式会社に3代目社長として復帰。とかく外食事業はちょっと気を抜いたり、手を抜くとあっという間に数字が落ちるものである。2002年2月2日、このころお目もじかなった三代目市川猿之助（後に二代目市川猿翁）さんの東京・赤坂の旧宅を改修し、「うまや」東京店としてオープン。この開業日は並びが「02202」となるように調整した。この「うまや」東京店でも記録的な売り上げを達成。2003年6月、JR九州本社に復帰。同社取締役営業部長兼サービス部長を拝命。

まちづくりと鉄道

ＪＲ九州はまちと「元気」を交換する

「デザイン&ストーリー列車」

長ったらしくて、言葉の組み合わせとしてもあまり美しくない。妙な名前の列車があるものだ。

実は、特定の列車の名前ではない。ＪＲ九州の誇る、おしゃれで楽しい、特別なテーマを持った列車たちの総称である。この妙な名前は、私がつけた。苦肉の一策だ。すべてがすべて秀作というわけにはいかない。たまには、こういうものもある。

（たまにじゃないでしょ！　という声も聴こえるが）

一般的には、観光目的で運行する列車は、「観光列車」と呼ばれる。ＪＲ九州以外のＪＲ各社や私鉄なども そう呼ぶし、マスコミもこの呼称で統一している感がある。

新聞、雑誌、テレビで特集としてよく組まれるものも、「観光列車人気ランキング」や「観光列車で行く○○の旅」といった具合だ。このように、「観光列車」が今までは市民権を得てきた。

もちろん、メディアで「観光列車」が大きく取り上げられるのはありがたいことだ。そうした特集の主役に、JR九州の「観光列車」たちがずらっと並ぶことも多く、誇らしくもある。

しかし、どういうわけか、私は「観光」という言葉が好きになれない。理由を論理的に説明できるわけではないが、とにかくこの言葉にそれほどいいイメージを持ってない。どこか薄っぺらな感じがしてしまうのだ。

先日、国の観光庁の課長クラスの人と話す機会があった。

「観光って言葉、あまり好きじゃありませんな。軽薄で安っぽい感じがして」

「観光」のためにたいへんなエネルギーを注いでいる人に向かって、投げかけるセリフではなかった。案の定、彼は激怒した。

「あなたは、なんてことをいうのか!!　観光の重要性を全然わかっていない」

三分間の〝やりとり〟のあと。いや、〝やりとり〟ではなかった。〝言葉の取っ組み合い〟のあと、私の考えが甘かったことに気づかされた。

「観光」という言葉について、「あまり好きじゃない」と表現したが、それは間違いだった。

その課長との〝取っ組み合い〟の末、自分の考えを変えた。

「観光」という言葉に対する思いを、「あまり好きじゃない」というレベルから「むちゃくちゃ嫌い」というレベルに格上げすることにした。

列車名が決まるまでデザインに着手しない

「ゆふいんの森」「はやとの風」「指宿《いぶすき》のたまて箱」「A列車で行こう」など、JR九州は〝俗にいう〟「観光列車」の宝庫である。そして、他の鉄道会社の同種の列車と違う〝何か〟がそれぞれの列車に備わっている。

〝何か〟は何だろうか。

デザインと物語だ。

JR九州の「観光列車」は、現在一〇本ある。いずれのデザインも、デザイナーの水戸岡鋭治さんの手によるものだ。水戸岡さんのデザインには、彼ならではの独特の哲学がある。人への優しさがある。デザイン全体を貫くコンセプトがある。

水戸岡さんのデザインについて人からたずねられると、こう答えることにしている。

「水戸岡さんのデザインは、はじめて見たときとても感動する。しかし、はじめて見たとき感動するのは、どのデザインにも共通することだ。デザイナーが手がけたものであれば、彼らは

JR九州の「D＆S列車」路線図

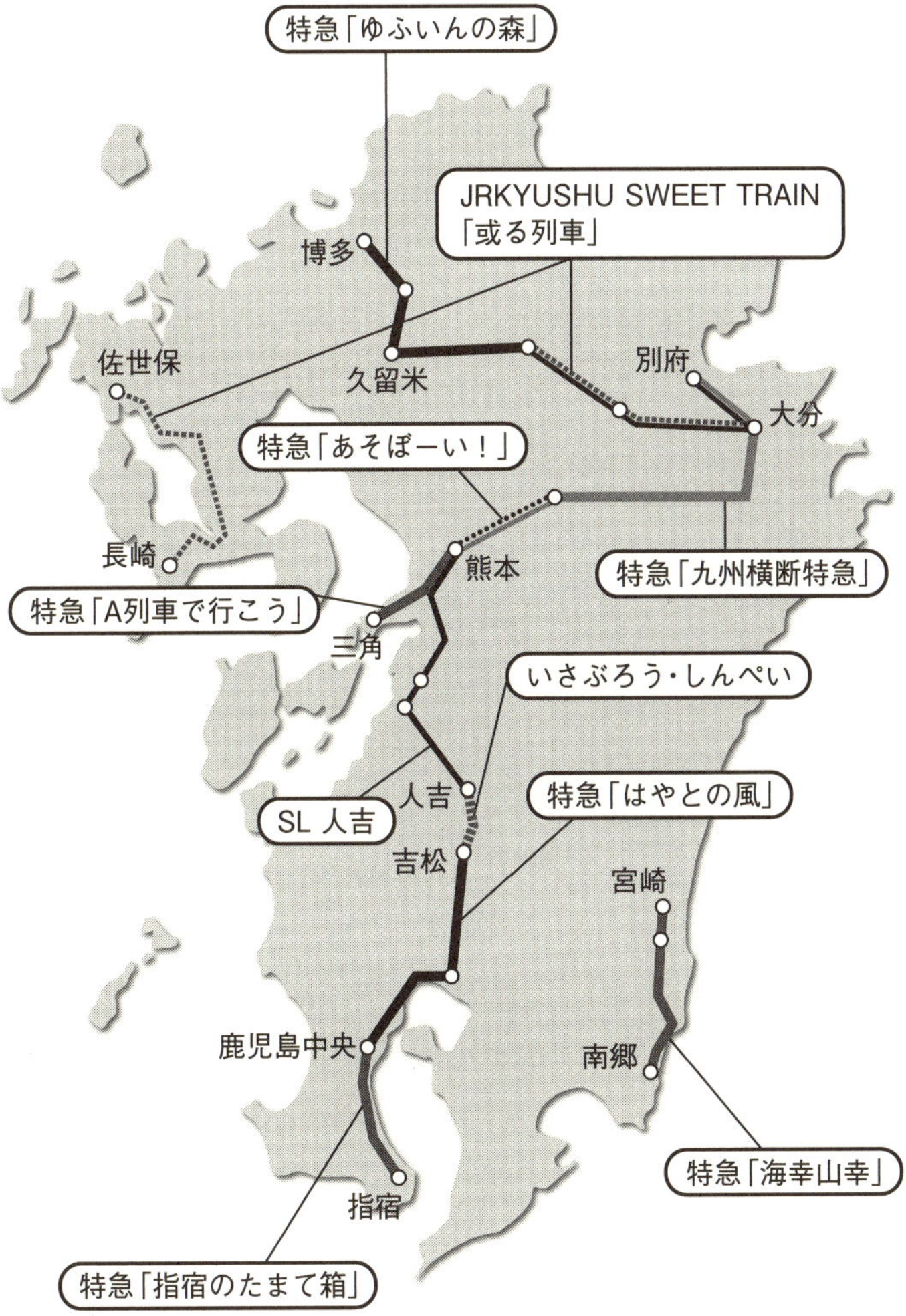

プロだから、それは当然といえる。水戸岡さんのデザインが他と違うのは、何度見てもそのたびに新鮮な感動を覚えることだ。斬新だと思えたデザインでも、何度か見ていると次第に感動が小さくなっていき、やがては飽きてしまう。しかし、水戸岡さんのつくった通勤電車の車両は、毎日同じ駅の同じホームから眺めてもまったく飽きることがない」

もう一つ、JR九州の「観光列車」に共通するものがある。それは、物語だ。それぞれの列車にそれぞれの物語が、備わっている。

水戸岡さんは、デザインの構想を練るときコンセプトを最も大切にする。そのコンセプトは、どこからくるのか。列車のネーミングだ。水戸岡さんは、列車名をコンセプトにして内外装のイメージを固める。ネーミングは、私の専権事項だ。水戸岡さんは、私が列車名を考えつくまでデザインに着手しない。

列車名が固まると、水戸岡さんはあっという間にデザインの〝あらすじ〟をまとめる。その〝あらすじ〟が、列車一本一本がこれから身に付けていく物語の始まりとなる。

薩摩藩の勇猛果敢をイメージした「はやとの風」

たとえば、特急「はやとの風」。

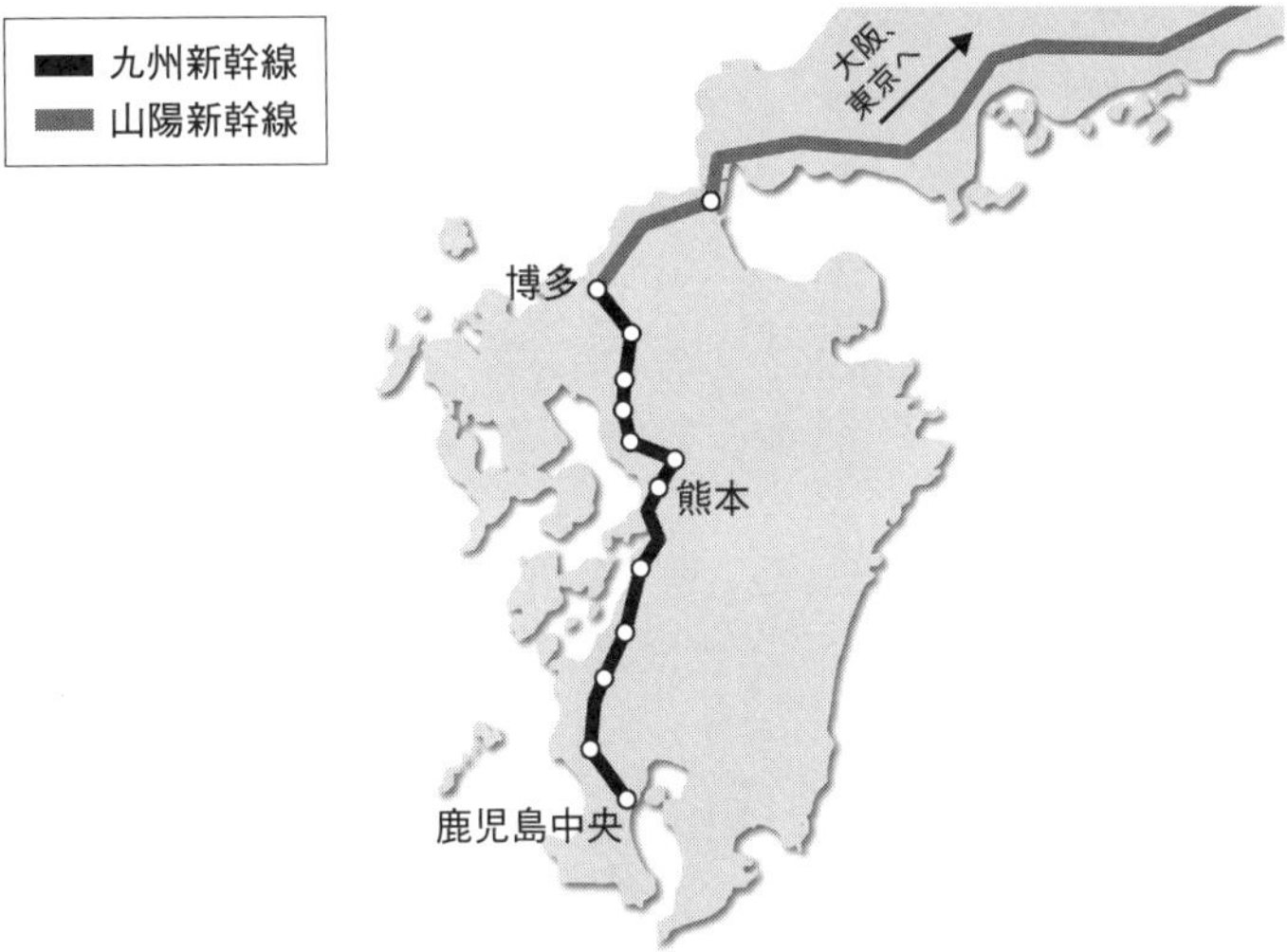

この列車は、二〇〇四年三月、九州新幹線の一部区間（新八代駅～鹿児島中央駅間）の開業と同時にデビュー。これは、七年後（二〇一一年三月）の全線（博多駅～鹿児島中央駅間）開業をにらんだ営業施策の一環で、新幹線の開業効果を、新幹線という「線」から、沿線と離れた地域も含めた「面」に広く拡大するという目的がそこにはあった。

「はやとの風」は今、新幹線の始終点である鹿児島中央駅から鹿児島県北東部の温泉観光地、霧島温泉に向けた新幹線からの二次アクセスとしての役割を担っている。

この列車の物語を語るとき、四〇〇年前まで時代を遡《さかのぼ》らなければいけない。

一六〇〇年九月十五日。前日夕刻まで

に、徳川家康率いる東軍の武将たちと石田三成側に付いた西軍の武将たちがそれぞれ関ヶ原に集結した。両軍は関ヶ原を挟み東西に分かれ、対峙したまま一夜を明かす。夜明けとともに両軍の戦いの火蓋が切って落とされた。世にいう天下分け目の合戦「関ヶ原の戦い」だ。

開戦からしばらくは勝敗がつかず膠着状態となった。午前中の勝敗を判定するなら、一〇対九の僅差で西軍の優勢勝ちだろう。午後になって、西軍の武将・小早川秀秋の東軍への寝返りにより、一気に勝敗のゆくえが東軍に傾き、西軍はあっけなく大敗し、戦いは幕を閉じた。

西軍の敗色濃厚となったとき、ほとんどの西軍の大名たちは戦いを放棄してわれ先にと西方へ敗走を始めた。逃げ惑う西軍兵の群れの中、西軍に加わっていた大名・島津義弘だけは動かなかった。

大半の西軍が総崩れとなり戦場から逃げ去ろうとし、ほとんどはその途上に惨殺された。

島津軍だけが四方を東軍の大勢力に囲まれ孤立した。そのとき、義弘はとんでもない行動に出た。義弘は三百人の家来とともども、目の前に立ちふさがる家康の陣のど真ん中を突っ切って退却するという策に出たのである。島津義弘の敵中突破の激走は、後に徳川幕府の旗本からも「島津の退《の》き口」といわれ、その武勇がたたえられた。

徳川家康は、戦後処理で他の西軍の大名らには大幅な厳封など厳刑をもってあたったが、島津藩にだけはわずかな藩地没収と義弘の蟄居《ちっきょ》だけで済ませた。そこには、島津軍の勇猛な戦いぶりに敬意を表す意が働いたとされている。

「島津に暗君なし」といわれるほど、島津藩の歴代藩主は名君揃いだ。戦国時代の島津家中興の祖といわれた島津忠良や幕末の名君と讃えられた斉彬《なりあきら》や久光など、名君とおぼしき人を数えても五指に余る。

その中で、鹿児島の人たちに最も人気があり尊敬されているのは島津義弘だ。鹿児島県日置《ひおき》市で秋に行われる妙円寺詣りは、義弘をしのんで行列道中をして菩提寺に参拝するものだ。毎年数万人が参加する賑わいを見せ、その人気の高さがわかる。

黒い鎧《よろい》に身を包んだ島津軍が勇敢に敵中を突破するイメージ。これを映したのが、「はやとの風」である。ぴかぴかの漆黒の車体が鹿児島中央駅から霧島方面に向けて疾走する。

それは、関ヶ原の島津軍の姿。「はやとの風」には、「島津の退き口」の物語が秘められている。

列車そのものが旅の目的に

これに代表されるように、JR九州のいわゆる「観光列車」には、デザインと物語がある。

「指宿のたまて箱」は、古くから指宿に伝わる浦島太郎伝説を体現している。

「A列車で行こう」は、ジャズのスタンダードナンバーの曲名をそのまま列車名にしたものだ。古きよきアメリカへの郷愁を感じさせる名前であり、それだけで物語になっている。

神話の里、宮崎を走る「海幸山幸」はまさしく「神話」という偉大な物語につながる。

かような次第で、以前から、JR九州の「観光列車」を他の鉄道会社と同様に「観光列車」と呼ぶことに躊躇していた。他社の「観光列車」とモノが違うとまではいわないが、格が違う。もっと謙虚にいうなら、品位が違う。月とスッポンというと傲慢に聞こえるから、太陽と泥亀くらいにしておこう。

(やっぱり言いすぎか……)

JR九州の「観光列車」が持っているデザイン性と物語性を象徴するような呼び方はないだろうか。

「デザイン&ストーリー列車」。略称、「D&S列車」。

これにしよう。総称にしてはちょっと締まりのない気もするが、JR九州の「観光列車」たちをまとめて呼ぶのにぴったりではないか。

この呼び方をはじめて使ったのが、二〇一三年五月の東京での講演のときだ。さすがに、その年の流行語大賞には縁がなかったが、最近では、ぽつぽつと新聞や雑誌の中で使われることが多くなった。継続は力なり、である。

今、九州各地に一〇本の「D&S列車」が走っている。それぞれの列車がそれぞれの地域で、私たちが当初予想したよりも大きな役割を果たしている。

そもそも列車というのは、目的地に移動するための〝手段〟である。「D&S列車」は、〝手段〟にとどまらず、それを超えた。列車に乗ること自体が〝目的〟になった。観光は観光資源を求めて移動することだが、「D&S列車」は列車そのものが観光資源となっていったのだ。

九州新幹線の全線開業（二〇一一年）以来、関西や広島の多くの人たちが新幹線で九州を訪れ、鹿児島中央駅で特急「指宿のたまて箱」に乗り換え、鹿児島県の南端にある指宿温泉に向かうようになった。そうしたお客さまに話を聞くと、同じ言葉が返ってくる。

「これに乗りたかったから、指宿に行くのよ」

「これ」とは、もちろん「指宿のたまて箱」のことだが、指宿自体が名の知れた観光都市で、別府（大分県）、霧島（鹿児島県）と並び、大勢の観光客が訪れる老舗の温泉郷だ。その指宿の魅力につながる「指宿のたまて箱」に乗る楽しみを、期待している。列車が単なる移動手段から魅力ある観光資源へと進化したといえる。

「指宿のたまて箱」が走りだす二〇年以上前、一九八九年に「ゆふいんの森」を、七年前の二〇〇四年に「はやとの風」「九州横断特急」などの「D&S列車」を投入していた。

それらの経験から、コンセプトを明確にした楽しい列車は、それ自体が観光資源になっていくだろうと確信していた。

まちづくりの核となった「指宿のたまて箱」

ところが、私たちが予想しえなかった動きが出てきた。「D&S列車」をまちおこし、まちづくりの核にしていこうという動きだ。

「指宿のたまて箱」が走り始める一年前（二〇一〇年）あたりから、その動きが湧き起こった。

指宿には多くの旅館・ホテルがある。そこには当然、その数だけ女将《おかみ》さんがいる。指宿の女将さんたちは、指宿のまちづくりと自分たちの旅館経営に、実は男性以上に、いや男性と比較にならないくらいに、一所懸命に取り組んでいた。それでも、なかなか思うように進まないところもあったし、指宿全体が一つにまとまるような雰囲気でもなかったという。

「指宿のたまて箱」が走りはじめようとするとき、指宿の人たちの意識と行動はものすごいスピードで変革に向けて動きはじめた。

まず、指宿温泉「華の会」が結成された。指宿の旅館・ホテルの女将さんたちの、女将さんによる、指宿のための会だ。

「せっかく、指宿に『たまて箱』という特急ができるのだから、私たち女将もいっしょに指宿を盛り上げましょうよ」

呼びかけ人の女将さんのリーダー格の人が提案すると、みんな「このときを待ってました」とばかりに目を輝かせ、もろ手をあげてその提案を支持した。そして、すぐに行動に移した。

「華の会」が中心になり、東京や福岡へ出向く〝指宿宣伝隊〟を結成した。それぞれの旅館・ホテルの料理のレベルを向上させるために「食のコンクール」も開催した。

一人の女将さんが言いだした。

「『指宿のたまて箱』にちなんで、各旅館・ホテルで提供する料理のメニューに『たまて箱』をテーマにしたものを、それぞれの旅館・ホテルが工夫を凝らして開発したらどうでしょうか」

さっそく、「華の会」に所属する旅館・ホテルが「たまて箱」なる料理メニューを、それぞれの工夫を凝らして考案・開発することになった。一年後の、「指宿のたまて箱」の運行開始時には、ほとんどの旅館・ホテルの料理のメニューの中に「たまて箱」をモチーフとする、そんな一品が入った。大皿のふたを取るとたまて箱の煙に似せた湯気が噴き出してくる仕掛けを施したものまで現れた。

男たちや子供たちも黙っていない。

まちの若者たちが、大きなリクガメを抱えて指宿駅にやってきた。指宿の浜辺は、ウミガメの産卵地としても名高い。駅に持参されたのはウミガメではなく、陸に棲むリクガメだった。

「このリクガメを駅に置いたら、竜宮伝説の駅らしくなりますよ」

駅長も、断れば浦島太郎に申し訳ないと思い、預かることにした。

リクガメは、〝太郎〟ではなく「小太郎」と名付けられ、指宿駅の名誉駅長に任ぜられた。

「小太郎」は、駅の一角にすまいをあてがわれ、専用の駅長帽をかぶり、気が向いたときだけお客さまを出迎えるようになった。

「元気にした」地域から元気をもらう

秋に行われる指宿温泉祭には、とうとう「指宿のたまて箱」を模した山車《だし》が出るようになった。子供たちが楽しそうにその山車に〝乗車〟している光景は、見ものだ。

指宿のまちをあげて、「指宿のたまて箱」を中心に据えたまちづくりに取り組みだした。列車が、まちづくりの核になっていったのだ。

「指宿のたまて箱」は、鹿児島中央駅と指宿駅との間を一日三往復運行している。

乗客のみなさんがいたく感動するのは、指宿駅の近くにある指宿市役所と指宿商業高校の前を列車が通過するとき。市役所では市役所の職員たちが庁舎の前にずらっと並んで、高校では何十人という生徒たちが校舎の窓から体を乗り出して、列車に向かって笑顔で一所懸命に手を振る。それも、毎日欠かさず。これぞ、最高のおもてなし。

このおもてなしの心こそ、まちづくりの最も大切なものではないか。

熊本から天草方面に走る特急「A列車で行こう」が運行を始めたのも、「指宿」と同じく二〇一一年。天草でも、まちをあげて「A列車」を歓迎してくれた。それだけにとどまらず、「A列車」の運行を機に天草市が中心になって、おもてなしを高める市民運動が展開された。名付けて「天草島民総おもてなし運動」。

このように、九州各地で「D&S列車」の運行をきっかけにまちづくりに本格的に乗り出す地域が次々と現れた。

D&S列車が、つくり手の思いとは別に大きく羽ばたいたのだ。いや、地域の人たちがそのように育ててくれたといったほうがいいのかもしれない。

「地域を元気に」は、JR九州発足以来の合言葉になっている。JR九州の〝いきざま〟だ。その考えのもと、次々にD&S列車を各地に投入してきた。すると、地域の人たちがD&S列車を大切にしてくれ、さらに大きく育ててくれた。逆に、地域の人たちからJR九州が元気をもらうようになった。

最近、こんな言葉を耳にした。

「人を元気にすると、自分が元気になる」

いい言葉だ。

この言葉自体にまた新たな物語があるような気がして、ちょっとうずうずしているこのごろである。

私がこのころ学んだこと

- 人を元気にすると、自分も元気になる。
- デザインと物語は、いい仕事には欠かせない。

画　山口晃

取締役　唐池恒二

2003年（50歳）～

2003年6月に、JR九州フードサービスより本社に復帰後、営業部長として、2004年3月16日に新八代～鹿児島中央間でスタートした九州新幹線第一期開業の全体指揮を執る。2006年6月、同社常務取締役経営企画部長に就任。2008年6月、同社専務取締役総合企画本部長に就任。営業部長時代に「サービス部長」を兼務し、JR九州のサービスを格段に底上げすべく、「新感動作戦」と銘打ったサービス向上作戦を全社的に実施。ちなみに、営業部長時代から、社内報のひとつである『営業情報』にほぼ毎月寄稿していた。「社内に方針を徹底させるため」と言いながら、すっかり書くことに快感を覚えてしまった時期。

櫻燕隊《おうえんたい》のこと

ＪＲ九州は踊る！

それをはじめて観たときの衝撃と感動は、今も忘れない。

世の中に、こんなすごいイベントがあったのか。こんなに元気が出る祭りがあったのか。

広場に設けられたステージでつぎつぎに繰り広げられる演舞に、たちまち魅了された。まわりを取り囲む大勢の見物客も目を輝かせ、ステージと一体となっている。

心地よい秋風がそよぐ季節なのに、会場には熱気がむんむん。観ているこちらまで燃えてくる。広場に満ち溢れている「気」に圧倒されたのだろう。数十人の集団がチームを組んで、揃いの華やかな衣装を身に着け、テンポのいい曲に合わせて、激しく動きながらも一糸乱れぬ集団ダンスを披露している。一つのチームが演舞を終えれば、続いて別のチームが舞台に登場する。

一時間ほどの間に七～八チームの演舞を堪能した。ダイナミックに、底抜けに楽しそうに、時に華麗に、そして真剣に若者たちが集団で舞っている。

今、人気絶頂のＥＸＩＬＥには到底かなわないが、それに近い雰囲気を漂わせている。なかには、ＡＫＢ48のような楽しい振り付けもある。ちょっと古いが、三〇年前くらいに活躍した路上パフォーマンスグループを思い出す。哀川翔さんや柳葉敏郎さんらも若いころにメンバーだった一世風靡セピアを彷彿とさせるノリがあるのだ。ちなみに、私は一世風靡が大好きだった。感動のもとを探れば、そこにたどりつくのかもしれない。

「こんなすごいイベントにうちの会社も参加できたら……」

「きびきび」「てきぱき」を極める

それから八年後。二〇一一年に、その思いはかなうこととなった。

ＪＲ九州の社長に就任して半年たったころ、総務部長だった関信介さんに指示をした。

「『ふくこいアジア祭り』に、うちの社員でチームをつくって出場しよう」

彼は、また社長は突拍子もないことを言う、と心の中でため息をついたかもしれない。彼は、長く人事関係の仕事に携わっていたから、社員のこともよく知っており、人との付き合いも大事にする。人から頼まれたことにも「ノー」を言ったことがない。強い責任感でどんなことも見事に片づけてしまう、まるで〝必殺仕事人〟。今では珍しい貴重な漢《おとこ》なのだ。

私もついつい無理を押し付けてしまう。案の定、関部長はすぐに「ふくこいアジア祭り」の情報収集にとりかかり、チームづくりの勉強をはじめた。


私は、二〇〇九年六月にJR九州の社長に就任した。就任後すぐに、〝仕事人〟、もとい関部長はじめ役員や部長にいくつかの企みを提案した。ほんの短い言葉で。

「アジアで事業展開をしよう」

「東京の事業を拡大しよう」

「農業に参入しよう」

「豪華寝台列車を走らせよう（のちに、「ななつ星」の誕生となる）」

「まちづくりをやろう」

「楽しい列車をつくろう」

いずれもそう簡単には進まないだろうが、社長になるまで温めていた悲願だ。

そうした中、関部長にも多くのことに取り組んでもらった。彼のような男気のある人にしかできないような、ちょっと変わったことも項目に入っている。簡単そうに見えて、実はかなり腕力がいることばかりだ。

その一、社内での社員どうしのあいさつを励行させること。

その二、職場の整理整頓、清掃を徹底させること。

その三、全社員に行動訓練をさせること。


前の二つは、当時のＪＲ九州では悲しくなるほど未熟なレベルだった。

三つめは、安全を最大の使命とする鉄道会社に当然求められる「きびきびした行動」や「てきぱきとした作業」が、実は、当時あまりできていなかった。そこで、私以下全役員、全社員に行動訓練を課すことを決めた。「きびきび」「てきぱき」を社風にしたいと考えたのだ。二〇一〇年四月、全役員、全社員の行動訓練がスタートした。関部長の偉大な功績の一つだろう。

今では、職場単位で定期的に、号令一下「まわれ、右」「右向け右」「二列横隊に整列」「敬礼」といった規律ある団体行動訓練を行っている。これは、ＪＲ九州の大きな財産になりつつある。また、のちに結成された櫻燕隊《おうえんたい》の演舞にも大きな影響を与えた。

「気」を集める行動訓練

行動訓練については、スタートの一年後に社内報の巻頭に書いた拙文があるのでつぎに紹介する。

〈行動訓練〉（社内報「JR九州だより」二〇一一年六月号より）

「気をつけ」
「敬礼」
「右向け右」
「まわれ右」

研修センターの体育館に響き渡る力強い号令に従い、二五〇人の今年の新入社員たちが真剣な面持ちで行動訓練の模範演技に打ち込んでいる。額に輝く汗、いきいきとした瞳、きびきびとした動き、みなぎる緊張感。

昨年に続いて今年で二回目となる新入社員研修での行動訓練の最終発表会に立ち会った。気迫あふれる集団行動にただただ圧倒される。これほどの高いレベルに達していようとは予想できなかった。

指導にあたった研修センターの先生方に感謝申し上げたい。厳しい特訓に耐えてここまで自らの心技体を高めてくれた若者たちに敬意を表したい。

何が私の胸を打ったのか。一言でいうなら、「気」だ。行動訓練の一団から発せられる強烈な「気」がこちらにぴんぴんと伝わってくる。体育館中が「気」に満ち溢れていた。私は確信した。この「気」が会社の中に充満していけば、今以上にいい会社になると。

「気」は、宇宙万物のエネルギーの源であり、あらゆる人が持っているものだ。人間だけでなく犬や猫、馬、牛などの動物にもある。山や湖にもある。1本の巨木にも、鬱蒼とした森にも「気」はある。家屋や店舗などの建物にもある。

街で今が旬の芸能人に出会ったとき、その人からオーラが伝わってくる。それが「気」だ。神社のそばの鎮守の森に足を踏み入れると、何か森の精のようなものを感じることがある。その精が「気」だ。

街を歩いていて、なぜかあるお店に魅入られるように入ってしまうことがある。そのお店には強力な磁石でもあるのかと思ってしまう。その磁石が「気」なのだ。

「気」はあらゆる人に備わっているが、人によって多い少ないの差がある。個人でもそうだが、集団としてみても同じことがいえる。気が満ち溢れている人もあれば、気が薄くなり乏しい集団もある。行動訓練中の体育館には「気」がびっしりと詰まっていた。大切なことは、誰にもある「気」を溢れんばかりにたくさん集めることだ。そうすれば、勝利を手にすることができ、成功を収めることができ、素晴らしい成果を得ることができる。

どうすれば「気」を集めることができるのか。私はいつも「気」を集める四つの法則を唱えている。

（一）スピードある動き

仕事全体を迅速に進めることから、ふだんの行動やしぐさをきびきびとすることまで広い意味を持つ。

（二）明るく元気な声

お客さまへのあいさつをはじめ、仕事上の会話や指差確認のときの声出しも含む。

（三）お客さまにすきを見せない緊張感

つねにお客さまの動向や気持ちを意識しお客さまに対し緊張感を持つことだ。

（四）少しでも成長しよう、もっと向上しようとするどん欲さ

自分自身のみならず、所属する職場や会社のことをさらによくしたい、もっと元気にしたい、成績や能力を伸ばしたいと願う意欲のことだ。

こうしてみると、新入社員の行動訓練は、きびきびとした行動、めりはりのきいた元気な号

令、私や研修センターの先生方に対する緊張感、厳しい訓練を乗り越えてきた向上心、と四つの法則にぴったしとあてはまる。「気」が満ち溢れているのも納得だ。

行動訓練が当社のＤＮＡになっていく予感がした。

チームはリーダー次第

「ふくこいアジア祭り」は、「福よ来い！」との思いを込めて踊る「福踊り」に由来している。鳴子《なるこ》を持って演舞を繰り広げる「よさこい祭り」の要素を取り入れ、二〇〇〇年に誕生した福岡の新しい祭りだ（鳴子とは、しゃもじの形をしたカスタネットのような打楽器のこと）。市内に設けられた競演場で趣向を凝らした衣装と振り付けで、各チームが演舞を競う。

そうか、「ふくこい」は二〇〇〇年にはじまったのか。とすると、私がはじめて観て大きな感動を覚えたのが四回目の開催ということになる。スタートしてまだ三年だったのだ。当時出場していた各チームの演舞のレベルの高さを思うと、あらためて恐れ入る。特に上位に入賞したチームの完成度の高さには、目をみはるものがあった。

出場しよう、と気軽に言ったものの、あのレベルまで到達するにはかなり時間がかかるだろう。

私の心配をよそに、関部長は、着々とチームづくりに取り組んでいく。

「メンバーは、すべて社員で構成します」

自信に溢れた彼の言葉に、私はますます不安を募らせた。

「ふくこい」には、毎年一〇〇チームほどが出場する。各チームは、数十人から一〇〇人程度とけっこうな大所帯。人数が多いとそれだけでも迫力があり、観ていて楽しい。審査で獲得する点数もその分、高くなる。私たちのチームも、せめて三〇人くらいは集めなければいけない。

当社の職場は、駅、乗務員、保線、電気などの現場が多岐にわたり、本社内も総務部、鉄道事業本部、事業開発本部と細かく分かれている。しかも、九州各地に分散している。勤務も普通の日勤もあれば、一昼夜通しの交代勤務もあるし、乗務員のように乗務行路に合わせた不規則なものもある。チームが結成できたとしても、全員が練習のために集まることができるのか。

練習場は、博多駅の近くになるだろうから、その近辺で勤務している社員に限られる。そんな限られた条件の中で、何十人もチームに参加してくれるだろうか。

関部長は、まずチームリーダーに当時、勤労課副課長だった原槇義之さんを指名した。彼は、プロレスラーのような立派な体格と〝仕事人〟に負けない情熱の持ち主だ。以前から、J

R九州応援団の主要メンバーとして活躍している。大変な声量に恵まれ、広いグラウンドでも声がよく通る。チーム結成後は、隊長となった。

　原槇隊長は、「あおり」を自ら買って出た。「あおり」は、「よさこい系」の演舞に欠かせない重要な役だ。演舞の語り部《べ》であり、監督であり、指揮者だ。演舞の後方でマイクを持って、踊り手を統制し引導しながら、踊りのストーリーを観客に語る。原槇さんは、プロレスのリングアナウンサーのようなドスの利いた声で会場全体を鼓舞していく。まるで、あおりをやるために生まれてきたみたいだ。

　彼ら二人が中心になって、メンバーを集める仕事にとりかかった。社内で「ふくこい」チームのメンバーを公募したのが二〇一一年六月。

　はたして、私の心配は杞憂《きゆう》に過ぎなかった。

たちまち四〇人以上の社員が手をあげた。男女ほぼ同数。駅、車掌区、旅行支店、保線区、新幹線乗務所、客室乗務員、総務課など、メンバーの職場も多彩。

　ほお、うちの社員もたいしたものだな。

ベスト4から上が難しい

翌七月に四三人のメンバー全員がはじめて一堂に会し、チームが結成された。〝JR九州のEXILE〟の誕生だ。メンバー全員、これからどんなことが待ち受けているのか、まだよくわからないのに、目は爛々《らんらん》と輝いていた。全員で話し合ってチーム名を決めた。

〝JR九州櫻燕隊〟。その年の春に全線開業した九州新幹線の列車名「さくら」「つばめ」からとったものだ。

みんな自ら進んで参加しただけあって、意欲は十分すぎるほどある。しかし、集団ダンスの分野ではずぶの素人ばかりだ。ダンスの曲づくりと振り付けは、「よさこい祭り」に早くから関わっていた社外のプロの先生にすでに依頼してある。

その年の一〇月の「ふくこい」出場をめざすなら、ただちに練習をはじめなければ間に合わない。三カ月しかない。翌日からほぼ毎日夕方、博多駅の会議室での猛練習がはじまった。ただ、勤務の都合で全員が揃うことはない。

最初の一カ月は、これで出場できるのかと不安になるばかりの出来だった。手の伸び方や足の運びがばらばら、見せる集団演技というには程遠い。

二カ月後。猛練習を経てやっと、少しはさまになってきた。小学生の学芸会なら、必ず勝てそうだ。

三カ月が過ぎ、明日は本番。直前になってようやく仕上がってきた。でも、入賞は無理だろう。

二〇一一年一〇月八日、第一二回ふくこいアジア祭りの初日。いよいよ本番だ。この年は、八六チームの出場。市内の四つのメイン会場で、各チームが順にステージに上がって演舞を繰り出す。いずれのチームも、九州各地はもとより全国から集まった精鋭揃い。レベルが高い。かなわない。三カ月しか練習できていない初出場のチームには、荷が重すぎる。

二日間の大会のフィナーレは、審査結果の発表。一位の大賞に選ばれたのは、福岡大学附属若葉高等学校ダンス部。プロ集団といってもいい。誰が見ても納得の受賞。格の違いを見せつけた。続けて、二位、三位、四位と順に発表されていく。ステージの横に控えているわがEXILEの面々も、不安な面持ちでアナウンスに聞き入っている。

「第五位、初出場のJR九州櫻燕隊」

会場がどっとどよめく。櫻燕隊の群れでは、大歓声と号泣が同時に起こった。会場の後方にいた私も、まわりの目も気にせず思わず立ち上がり万歳をしてしまった。八年前にはじめて「ふくこい」を観たときよりも、はるかに大きな感動に浸った。

ようし、つぎはベスト4の一角に食い込もう。歓喜の涙が乾くと、櫻燕隊はすぐに来年の目標に狙いを定めた。このあたりが、夢を追い続けるEXILEのいいところ。

翌年の第一三回大会（二〇一二年）。またしても五位に終わった。

そのつぎの第一四回大会（二〇一三年）は、一つ後退して六位となった。

この三年間のベスト4は、いずれもまったく同じ顔ぶれだった。悔しいが、上位四チームの壁は厚い。

満を持してのぞんだ第一五回大会（二〇一四年）。とうとうやってくれた。見事、堂々四位に入った。出場四回目にしてやっと念願のトップグループの仲間入りを果たした。

「よし、つぎは〝本場〟に乗り込むぞ」

ベスト4に入った年の暮れの櫻燕隊の納会で、上機嫌に口走った。〝本場〟とは、毎年六月に札幌で開催されるYOSAKOIソーラン祭りのことだ。軽い気持ちでつぶやいた言葉。しかし、みんなは真剣に声をあげた。

「よっしゃー！」

「心は一つ」だから勝てた

YOSAKOIソーラン祭りはもともと、高知県のよさこい祭りを手本として北海道大学の学生らが北海道風にアレンジをしてつくり上げた祭りで、一九九二年以降、毎年札幌で開催されている。よさこい祭りとソーラン節を組み合わせた集団ダンスのイベントであるこのYOSAKOIの成功により、同様のイベントが全国各地に一気に広まった。今では、「ふくこい」も含めて全国一〇〇カ所以上に「よさこい系」のイベントが存在する。

高知が元祖だが、参加者と観客動員の規模は札幌のYOSAKOIが断トツで、期間中の観光客二〇〇万人。これは、北海道のイベントとしては、二月の「雪まつり」をしのぐ最多の数だ。全国の「よさこい系」祭りの参加者にとっては、あこがれの〝本場〟なのだ。

二〇一五年六月一二日、JR九州櫻燕隊は札幌の地に降り立った。

一三日。櫻燕隊の初戦会場は、北海道庁赤れんが前広場だ。午前一一時、いよいよわがチームの登場だ。鉄道の制服にも見える濃紺の上着を身にまとったわがEXILE軍団が、ステージ横で待機している。いつもより緊張している。それまで他の数チームの演舞を観てきたが、これならかなりいけるぞ、と期待が高まってきた。

「つぎは、はるばる九州の地からやってきましたJR九州櫻燕隊の皆さまです」

全員が、気合とともに上着の長い裾をひるがえし、広場の中央まで全速力で走っていく。すばやく整列。リングアナウンサーのドスの利いた「あおり」が会場に響き渡る。

「ただいまより、われらJR九州櫻燕隊の演舞をはじめます」

「出発しんこおおうう！」

敬礼。腕を上げる。前に突き出す。横に伸ばす。足を上げる。身体をねじる。飛び上がる。優雅に舞う。走る。赤い和傘がまわる。優雅に舞う。大旗が揺れる。笑顔もいい。締めは、元気に「心は一つ」。

よくやった。いけるぞ。

一三日、一四日の二日間で、櫻燕隊は各会場で合計六回の演舞を披露した。私は、初日の演舞を二回だけ観て福岡に戻った。

審査結果は、どうだったろう。

一四日の夕方五時ころ、私の携帯に、櫻燕隊の部長の日高淳一取締役から連絡が入った。

「会長、大賞とりました」

主語もない。修飾語も一切ない。シンプル極まる言葉の最小限の組み合わせ。

何度も聞き返した。嘘だろう。聞き間違いか。初出場だよ。あるわけないだろう。

あったのだ。

四〇人以下のグループ（U‐40）で七〇チーム中のトップになった。まぎれもない大賞をとったのだ。

「みんな、泣いています」

私も、言葉に詰まった。気の利いたセリフが出てこない。

「ありがとう……」

硬派こそがカッコいい

翌日から、たいへんな騒ぎとなった。

インターネットでは、櫻燕隊の話題で沸騰した。ツイッターやフェイスブックにたくさんのコメントが書き込まれた。いい意味での大炎上だ。

テレビや新聞も負けじと大々的に取り上げ、全国区扱いで特集を組んだ。

「踊りも衣装もカッコいい」

「JR九州櫻燕隊から目が離せない」

「硬派でカッコよすぎる」

「JR九州櫻燕隊のパフォーマンスが、今たいへんな話題になっている」

「YOSAKOI最終日からわずか二週間でネットの動画が三〇万回も再生された」

「硬派でカッコいい」がけっこう気に入っている。そう、硬派なのだ。

行動訓練が、今回の櫻燕隊の栄冠につながったのではないか。行動訓練は、櫻燕隊の結成の一年前に始まった。ＪＲ九州の全社員がこの訓練に没頭していった。

大賞を獲得したのもうれしいが、社としての新しい取り組みがこういう形で結実したこともなおさらだった。

しばらくの間、隊員たちはマスコミからの取材攻勢にあった。誇らしげに語る隊員たちの姿が、テレビ画面にたびたび登場した。テレビの前で私も誇らしかった。

それにしても、よくやった。

〝仕事人〟とリングアナウンサーと〝ＥＸＩＬＥ〟たちに心から感謝したい。

私がこのころ学んだこと

- 行動訓練は、「気」を集めるための最良の道だ。
- 日々の誠実で熱心な練習は、本番で大きな成果をあげる。

画　山口晃

社長そして会長　唐池恒二

２００９年（56歳）〜

２００９年６月にＪＲ九州代表取締役社長に就任。九州新幹線全線開業を翌日に控えていた２０１１年３月11日、東日本大震災が発生。ＴＶコマーシャルなど大々的なキャンペーンを予定していたがすべてをストップする判断を下す。２０１３年10月、かねてよりの悲願であった国内初のクルーズトレイン「ななつ星」の運行開始。２０１４年６月より同社代表取締役会長に。２０１５年４月には古巣である大分駅のリニューアルを果たし、「ＪＲおおいたシティ」オープン。２０１５年６月３日、「改正ＪＲ会社法」案が国会にて可決、成立する。現在は「会長・唐池恒二」として、この本を書きながら、来る株式公開（上場）に向け、準備を進める日々。

ななつ星の不思議

JR九州は世界最高峰を常に目指す

作家の村松友視さんは、「不思議」と名のつくタイトルの本を出されている。

私が読んだ一冊目は京都の名宿を描いた『俵屋の不思議』。二冊目が『帝国ホテルの不思議』。そして三冊目が二〇一五年に上梓された『金沢の不思議』だった。

先日何の気なしに、知人からもらった『金沢の不思議』を手に取って、ぱらぱらとめくってみたら、これがなんとも面白くて、思いがけなく腰を据えて読み耽《ふけ》ることとなった。

金沢の茶屋街に伝わる「影笛《かげぶえ》」の名人とのいきいきとしたやりとり、金沢でかば焼きといえばドジョウが出てくる話、江戸幕府と朝廷とのバランスを図った加賀前田家の苦心の外交術など二一章にわたる、蘊蓄《うんちく》と洞察と諧謔《かいぎゃく》に満ち溢れた名著だ。

「不思議」というタイトルにも魅かれた。出版元の編集者からは、「秘密」でどうかとの提案があったが、村松さんは「不思議」を主張したようだ。その辺の経緯を、講演で次のように語っている。

「最初に『俵屋の不思議』を出したとき、出版社の担当者は『俵屋の秘密』という書名を提案してきました。ところが、『俵屋の秘密』となると、俵屋の秘密を知っている人が、それを知らない人に教えるという印象になります。一方、『不思議』となると、素人なりに感じる俵屋の不思議さに、一緒に首をかしげましょうという感じになります」

ななつ星は、二〇一三年一〇月一五日に運行を開始した。JR九州の総力を挙げて創り出した日本初のクルーズトレインだ。クルーズトレインというのは、目的地に向かう移動手段としての列車ではなく、発駅を出て各地をぐるっとまわり再び発駅に戻ってくる列車のこと。クルーズ客船からとったもので、これもJR九州が自信を持って世に出した呼称だ。

観光地に行くことが目的ではなく、列車に乗ることそのものが目的となる。

正式名称は、「ななつ星 in 九州」。九州の七つの県を巡り、それぞれの県を星のように輝かせたいという思いを込めて名付けた。

車両数は、客車七両に機関車一両の計八両。一号車がラウンジカー、二号車がダイニングカー、三号車から七号車までの五両が客室仕様となっている。客室は一四室。寝台列車だから、各部屋に二つのベッド、洗面台、シャワールーム、トイレが備わっている。外観、内装、家具はもちろん、ドアの取っ手や木ねじに至るまですべて、水戸岡鋭治さん渾身のデザインによるものだ。

三泊四日の旅行代金が一人五〇万円台から八〇万円台と高額にもかかわらず、半年ごとに行う予約受け付けには、毎回申し込みが殺到。平均申し込み倍率が三〇倍前後と「なかなか当選しない、宝くじのような列車」といわれる。

そんなななつ星の「不思議」について、村松さんに倣《なら》い、いくつか述べてみたい。数えると、たまたま七つあるので、題して「ななつ星の七不思議」。

【その一】ななつ星の走っている姿を沿線から眺めるだけで涙ぐむ方々がいる

なにも、ななつ星の中で玉ねぎの皮を剝いているわけではない。運行開始から二年以上経つが、今もななつ星が走ると沿線から多くの人が列車に向かって手を振ってくれる。停車駅のホームには、ななつ星を見るためだけに遠方からやってきた方が大勢いる。

そして、必ず涙ぐむ方々がいる。外から見るだけなのに、もう何度も見ているはずなのに、なぜか目が潤んでくるのだという。

「どうしてだかわからないけど、ななつ星を目の前にすると泣いてしまうのです。こんなに感動的で素晴らしい、世界一の列車が日本で走るなんて。しかも九州の各地を巡るなんて……」

わけをたずねたこちらまで、胸が熱くなる。

ななつ星には、手がけた私たちも想像していなかった特別な力が宿っている。外から眺めている人でさえそうなのだから、実際に乗車されたお客さまはほぼ全員が、三泊四日のツアーの中で必ず一度、二度と涙を流す。

お客さまの感動は、予約を申し込んだときから始まる。

お客さまは、まずツアーデスク（ななつ星の電話窓口）に予約を申し込む。ツアーデスクとの電話のやりとりでななつ星の旅の詳細を聞き、そこから気分が高揚していく。でも、すぐには予約が成立しない。申し込みが多いので、二カ月間の申し込み受け付け期間後に行われる抽選で当選してはじめて予約が成立する。

抽選会の翌日、ツアーデスクから当選されたお客さまに電話で当選の一報を入れる。電話の向こうでは、大声で素直に喜びを表現する人、何度も当選の言葉を確認する人、感激のあまり泣きだす人、反応はさまざまだが、大きな感動と喜びが伝わってくる。

当選通知から出発日までの半年以上（長い人で一年間）の間に、お客さまとツアーデスクは何度も電話で連絡を取り合う。どのお客さまとも少なくとも一〇回は超える。ツアーデスクから、お客さまの食事の好き嫌いや体調の具合、旅の目的、記念日の有無などをうかがう。お客さまからは、ななつ星の部屋の設備やサービスの内容、荷物の取り扱いなど多くのことの問い合わせがある。こうしたツアーデスクとの電話を重ねるごとに、ななつ星の旅への期待が高まる。この期間が、ななつ星の旅の感動の序章となっている。

出発日。博多駅のホームにななつ星が入ってくる。鏡のようにピカピカに磨かれたその外観を見て一様に歓声を上げる。車内に乗り込むと、日本の匠の技がぎっしりと詰まったインテリアに息をのむ。ななつ星が、博多駅を出発する。ホームからななつ星を見物に来た多くの人たちが、滑り出していくななつ星に向かって手を振ってくれる。車内のお客さまは、それを見て手を振り返す。この時点で、もう何人かのお客さまの目が潤んでいる。

感動の締めは、九州を一周して四日目、博多駅に帰着する一時間前から一号車のラウンジで行われるフェアウェルパーティ（お別れ会）だ。このときは、四日間いっしょに過ごしたクルー（客室乗務員）たちと握手したり抱き合ったりして、ほぼ全員が号泣される。

ななつ星は、〝泣かせ星〟かもしれない。

なぜ、涙するのか。思い浮かんだのが、中学の理科の時間に習った「エネルギーの変化」だ。

ななつ星には、デザイナーの水戸岡鋭治さんはじめ、車両の製作にあたった何千人という職人さんたちの熱き思いが入っている。クルーたちのななつ星にかける健気な気持ちも込められている。ＪＲ九州グループの全社員の夢と希望が詰まっている。

熱き思いと健気な気持ちと夢と希望。これらを「気」と呼ぼう。ななつ星には「気」がぎっしりと詰め込まれているのだ。「気」は、英語ではエネルギー（energy）。ななつ星のエネルギーが、見る人、乗る人に伝わると変化を起こす。エネルギーの変化だ。どういうエネルギーに変化するか。それは、感動というエネルギーに変わるのだ。

【その二】ななつ星が走るときは、その地区だけ台風も大雨も避ける

九州は災害の多い地域だ。毎年、九州には必ず四つや五つの台風がやってくる。交通機関は、台風が直接その地を通過しなくても、近づくだけで大きな影響を受ける。

さらに近年、全国的にもそうなのだが、特に九州は局地的な集中豪雨の頻度と程度が高くなってきている。雨のほうは、台風と違って時季を限定しない。春でも、時には冬でも各地をゲリラ豪雨が襲う。一度の襲来で、大洪水や土砂流出といった甚大な被害をもたらすこともある。

そうした自然の猛威に対しても、ななつ星は不思議な力を発揮する。長崎付近に台風が近づいたときは、ななつ星は鹿児島付近を元気に走っていて、まったく風雨の影響を受けない。逆に鹿児島が大雨の折は、ななつ星は福岡から長崎に向かって走行しており、お客さまは途中駅で傘ひとつ持たず散策を楽しんでいたりする。

二〇一三年一〇月にスタートして二年以上経つが、ななつ星は天候のために運休したことがない。もちろん、天候以外でも運休したことがない。

三泊四日コースの三日めに、霧島の山上にあるリゾート「天空の森」の丘の上で、お客さま全員の手で記念植樹をするイベントがある。毎週一回必ず行っており、これまで一〇〇回以上開催された。霧島といえば日本でも最も降雨量の多い地域の一つだが、この野外イベントが一度も雨で中止となったことがない（※二〇一六年三月時点）。

運行開始から一カ月ほど経った記念植樹の日。前夜から鹿児島県南部の奄美諸島付近に猛烈な台風が居すわっていた。私も心配になって朝早く博多駅から新幹線で鹿児島中央駅に行き、そこから車で一時間、霧島まで急行した。鹿児島中央駅周辺は、もちろんたいへんな土砂降り。そりゃそうだろう、すぐ近くに台風が襲撃のために身構えているのだから。「天空の森」は同じ鹿児島県の北東部に位置する。

（大丈夫か）

ところが、霧島に向かっていくうちに雨が小降りになってきた。

「天空の森」に着いたときには、雨がやんだ。一一時からの記念植樹のころには、空にわずかだが晴れ間も見えた。イベントは、お客さまが傘をさす間もなく無事終了した。

あとで霧島付近の天候を聞くと、同じころ周辺地域では、一時間に三〇ミリの雨が降っていた。「天空の森」の一角だけが、それも一時間のイベントの間だけ雨がやんでいたことになる。
ななつ星には、ほんとうに「魔力」に等しい力が宿っていると心底思った。

【その三】ななつ星に関わると、七づくしに遭遇する

次に紹介する文は、ななつ星が運行を開始する一年ほど前に社内報に寄せた原稿だ。

〈こんなことがあるとは思いもかけなかった。偶然がここまで積み重なるなんて驚くばかりだ。

クルーズトレイン「ななつ星 in 九州」は来年一〇月十五日から運行を開始する。スタートから十二月までの三ケ月間の予約申し込みを受け付けたところ、一年前というのに全国から多くの申し込みをいただいた。

もともと一つの列車に十四の個室しか設けていないので高い倍率になることは予想されたことだ。ふたを開けてみるとなんと三ケ月間の合計で七倍強の予約申し込み件数となった。特に、初回の三泊四日コースの一番高額（一人五十五万円）のデラックススイートの部屋は七十六倍の競争率となった。当選者の選考に公正を期すため公開の抽選会を開いた。

十一月十五日、ホテルオークラ福岡のホールで開催した抽選会には大勢のマスコミが押し寄

せた。会の冒頭、私が壇上に立ち主催者挨拶を行った。予想を上まわる予約申し込み数と会場の熱気むんむんに気分が高揚し、自然とスピーチの口調も滑らかになる。

「ななつ星は、数字の七にこだわっています。この豪華列車は九州七県をめぐり、自然、食、温泉、歴史・文化、パワースポット、人情、列車という九州が誇る七つの魅力を伝えます。七両の客車に通常七人のクルー（客室乗務員）が乗務します。部屋数は十四室と、七の倍数になります。予約の倍率も七倍強。今年は、明治五年、新橋・横浜間にわが国初めての鉄道が開業してちょうど一四〇年。ここにも七の倍数。来年ななつ星がスタートする一〇月十五日の数字、一、〇、一、五を足すと七になります」

七分間の語りだった。後半は無理やりこじつけた感もあるが、まずまずの出来だ。

抽選が進み、いよいよラストの当選カードを引くときがきた。七十六倍の最高倍率のデラックススイートの当選者が決まる瞬間だ。箱からカードを引き出す大役はホテルオークラ福岡の水嶋社長にお願いした。水嶋社長は、箱から引き出したカードをみて思わず「おっ」と唸り目を丸くした。会場内に緊張が走る。水嶋社長はすぐに気を取り直してカードに記されている当選者を読み上げた。

「ご予約番号〇〇七番の千葉県の〇〇さん、おめでとうございます」

会場がどよめいた。私も耳を疑った。七番とは。八百長でもやらせでもなんでもない。衆人環視のもと公明正大に行われた抽選会で起こった真実なのだ。

翌日いつものように社用車で移動中、運転手の内藤さんに、前日の七番の当選というできすぎた偶然の話を紹介していたときのことだ。突然、内藤さんが大声をあげた。

「社長、見てください、メーターを。今ちょうどこの車の走行キロが七万七千七百七十七キロです」

七時間後、出張で私は東京にいる。都内を車で移動中、新橋駅付近の交差点で信号待ちをしている間に、同行している東京支店の山本哲朗副支店長に抽選会の七番と走行キロの話を手短に語った。と、今度は山本さんが素っ頓狂な声をあげた。

「社長、目の前を今、バスが通りました！」

（それがどうしたの）

「車体の横に『七福神』と。そうです、『七福神観光バス』と書いてましたあ」

青信号に変わりすぐに左折したら、私たちの車は七福神の後ろにぴったりとくっついた。間違いなく「七福神観光バス」と車体の背面にも大きな字で書かれていた。

東京で1泊して羽田空港から飛行機で福岡に帰ったが、その機体はボーイング七七七だった。座席は7A。もうそんなに驚かなくなった。

クルーズトレイン本部には予約の受け付けを一手に担っているツアーデスクがあり、五人の優秀なスタッフが毎日お客さまの電話の応対に追われている。その中の二人の名前が、「井上菜々子」さんと「井ノ上七恵」さんというのもできすぎている。人事の選考のときにはまだ「ななつ星」のネーミングが決まっていなかった。

ＪＲ九州が、日本初の豪華周遊寝台列車、すなわち豪華なクルーズ客船の鉄道版を創造するというだいそれた夢を実現させようとしている。決断をした私も、世間の反響と期待の大きさにいささかプレッシャーを感じている。

しかし、「ななつ星」という列車名が七づくしを呼び込み、このとてつもないプロジェクトがＪＲ九州グループをはじめ関わっていく会社や人たちのラッキーセブンにつながっていく、そんな予感がしてくる。〉

ななつ星がスタートする一年前に書いた原稿だが、運行して二年以上経った今、まさに「ラッキーセブン」を実感している。

【その四】ななつ星のクルー（客室乗務員）**は、運航開始直後一カ月で体重が七キロ減った**

ななつ星だから七キロというわけではない。ななつ星の運行開始一年前、二〇一二年一〇月に、二五人のクルーたちが勢揃いした。半数がＪＲ九州のもともとの社員で、新幹線や特急列車に乗務していた車掌や客室乗務員たちから選抜したメンバー。いずれも、社内でサービスに特に秀でていると認められた者ばかりだ。

もう半数が、社外からの公募により約三〇倍の競争率を勝ち抜いたサービスの達人たち。航空会社の国際線で長く経験を積んだCA（キャビンアテンダント）、名門ホテルのコンシェルジュ、世界中を渡り歩いてきたホテルマン、高級レストランのソムリエなど。それぞれの分野でサービスに関してプロフェッショナルと認められた顔ぶれが並んだ。

そうした精鋭に、私たちはさらに運航開始まで一年間の研修を課した。自分たちの力をよりいっそう高め、ななつ星にふさわしいサービスを追求してもらうためだ。

研修の冒頭に、私が特別講義を行った。特別講義といっても、サービスの知識と経験は私などよりも彼らのほうがはるかに上だ。一般的なサービスについて彼らに語る資格は、私にはない。あるとすれば、ななつ星としてどういうサービスを提供すればいいのかということだ。私が、ななつ星のサービスに何を求めているかということだ。

それまでの慣れ親しんだ職場と違い、何が待ち受けているかわからない、これからたいへんな苦労をすることになるだろう、ななつ星の世界に飛び込んできてくれた二五人。教室の壇上から一人ひとりの顔を見ると、みんな目が輝いている。

「〝形だけ〟や〝マニュアルどおり〟の表面的なサービスは、ななつ星にはなじまない。なな

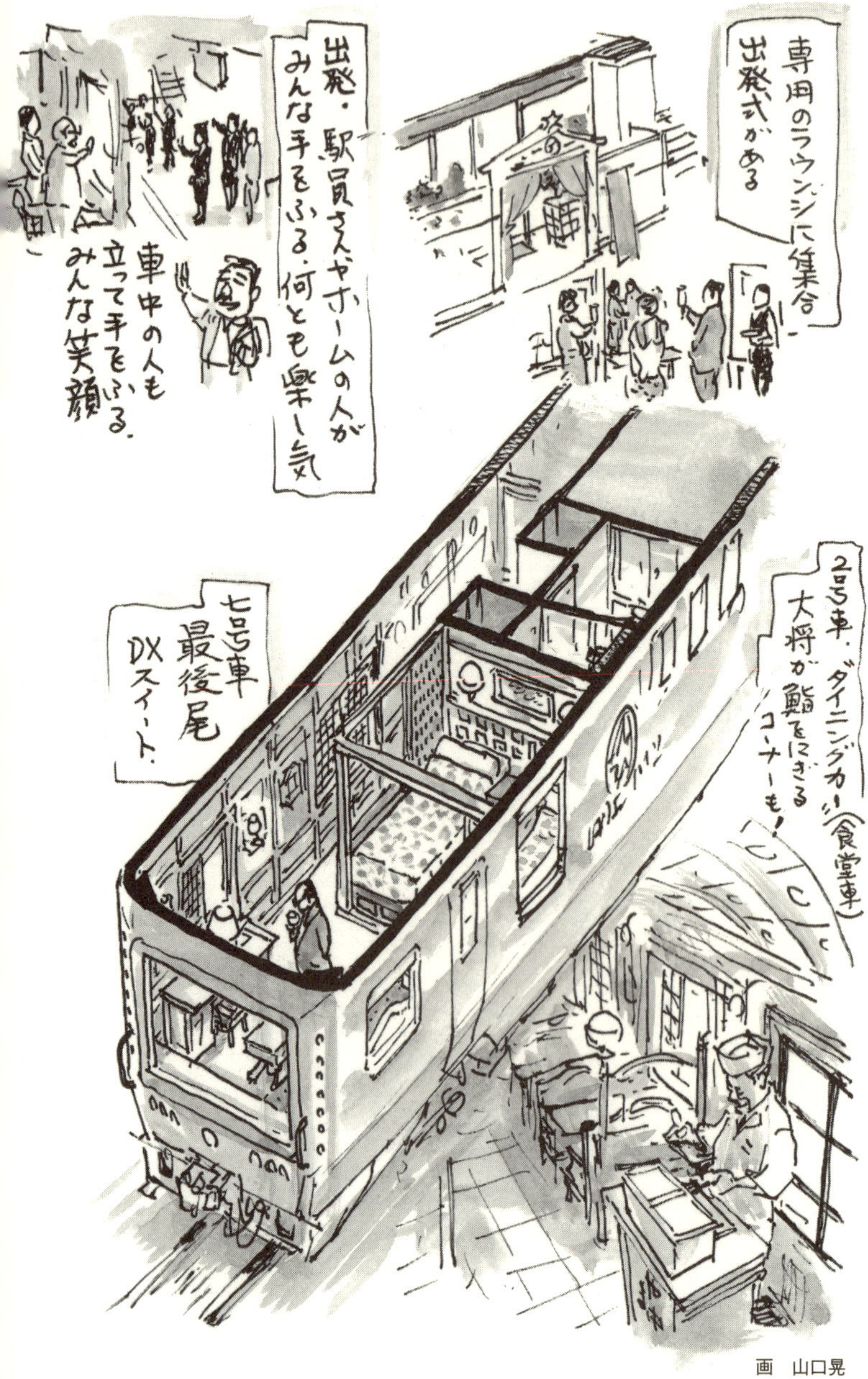
専用のラウンジに集合
出発式がある
出発・駅員さんやホームの人が
みんな手をふる・何とも楽し気
車中の人も
立って手をふる。
みんな笑顔
2号車・ダイニングカー(食堂車)
大将が鮨をにぎる
コーナーも!
七号車
最後尾
DXスイート.

画　山口晃

ななつ星

つ星の旅は、お客さまと三泊四日、ずっと同じ空間で過ごしていくことになる。うわべだけの、形式的なサービスではもたない。四日の間にメッキが剝がれる。クルー一人ひとりの心の中までお客さまに見抜かれてしまう。お客さまに全人格をぶつけてほしい。クルー一人ひとりの〝人間〟のすべてをさらけ出してほしい。言い換えると、お客さまの側とサービスする側という相対する関係ではなく、お客さまの家族の一員、友人、仲間、パートナーになってほしい。私がななつ星に求めるサービスは、『寄り添うようなサービス』だ」

脱マニュアルからはじまった講義は、持ち時間の九〇分を若干オーバーしてしまった。終わりごろには腕を大きく広げ、こぶしを突き上げた。教師というよりアジテーターのそれだった。

「私たちの手で、世界一の列車をつくろう。世界一のサービスを提供しよう。これがななつ星のサービスだ、と呼べるものをみんなで追い求めよう」

ななつ星の中でクルーたちが行う仕事は多岐にわたる。運航初日の朝から行う主な職務だけ、順に述べてみる。

乗車直前の車内清掃、食材の積み込み、博多駅に集まってくるお客さまの案内、カバンや荷物の受け取り、チェックイン対応、列車の出発準備、乗車の誘導案内、客室の設備機器類の説明、昼食の準備と提供、食後の片づけ、沿線の観光案内、ティータイムの準備、客室清掃、べッドメイキング、観光地でのガイド役、夕食の準備、夕食の提供と片づけ、随時のトイレ清掃、バータイムサービス……。

研修の大半は、こうした膨大な仕事に習熟するための実習が中心だった。社の研修センターでの行動訓練にはじまり、由布院の老舗旅館での部屋の掃除や布団の上げ下げ、某名門ホテルでのベッドメイキング、レストランでの配膳係、ワインの注ぎ方の反復練習、ディズニーランドでのサービス研修など、朝早くから深夜遅くまでびっしり詰まった研修スケジュール。

二五人は、次から次にやってくる過酷なカリキュラムを、意外にも楽しそうにこなしていった。そして、彼らは一人たりとも脱落することもなく、一年間のお勤めを見事に乗り切った。

しかし、本番は研修以上に厳しかった。ななつ星が運行をはじめて一カ月が経ったころ、クルー全員の体重が平均五キロ減った。

トレインマネージャー（ホテルでいうなら支配人）の有藤義治さんは、世界の一流ホテルを渡り歩いてきた根っからのホテルマンだ。研修のカリキュラムの内容は、有藤さんがホテル時代に叩き込まれたことが多く、まったく苦にすることはなかった。由布院での一カ月間の旅館研修中には、名旅館の美味しい食事にもありついたおかげで、体重が五キロ増えたという。

そんなホテルの仕事の厳しさを知り抜いたベテランが、〝走る豪華ホテル〟と称されるななつ星に乗務して一カ月で七キロやせた。

当初作成された作業スケジュール表では、食事の準備や提供、客室の清掃、沿線案内、ベッドメイキングなど、乗務するクルーに課せられた業務はクルー七人ですべてこなせることになっていた。

しかし、現実は違った。列車は、運転中多少の揺れがあり、車内の移動や作業も動かないホテルのようにはいかない。ななつ星に対するお客さまの期待も高く、質問や注文もひっきりなしにある。「寄り添うようなサービス」を謳《うた》っているだけに、お客さまからのお話には最優先で真摯に対応していく。そうすると、ほかの業務がはかどらない。最初の一カ月は、どのクルーも研修を修了したとはいえ、まだまだななつ星そのものに慣れていなかった。

そうしたことが重なり、クルーたちの睡眠時間が極端に短くなった。クルー用の狭い三段ベッドに一時間も横になれればいいほうで、やがて五キロ増が七キロ減となった。

二年経った今では、そのころよりも幾分睡眠時間が確保できるようになったが、それでもせいぜい二〜三時間がいいところ。厳しい仕事には違いない。

時折心配になって、クルーのリーダー格である小川聡子さんにたずねるも、いつも元気な笑顔が返ってくる。

「大丈夫、みんな元気です。みんな、ななつ星が好きなんです。私もずっとこのななつ星で働きますよ」

小川さんがそう言ってくれるので胸をなで下ろした。

（クルーのみんな、ありがとう！）

運行開始から一カ月経ったころから、ありがたいことに、乗車されたお客さまからの礼状がななつ星のクルーやスタッフ宛にたくさん届くようになった。手紙とともにお菓子やフルーツまで送っていただくことが多い。そうしたお届け物を、クルー全員で分けていった。すると、七キロやせたクルーの体重が同じだけ戻った。

これも、ななつ星の「魔力」か。

【その五】ななつ星の車両の製作途中の写真がネットに出回らなかった

ふつう、ななつ星のようにお披露目前から世間で大きな話題になったプロジェクトは、その製作過程にも注目が集まるものだ。アップル社のiPhoneだって、新モデルを発表する数カ月前には、「新しいiPhoneはこんなふうになる」との見出し付きで新モデルとおぼしき製作途中の写真が業界紙に掲載されたりする。スカイツリーもそうだった。完成する前から、建設中の写真や裏側の作業風景が報じられた。

ななつ星は、そうはならなかった。正確にいうと、そういう状況にさせなかった。ななつ星の製作途中の映像は、いっさいマスコミやネットに流出させなかった。

ななつ星の成功のポイントは何なのか。いくつかの要因の中で、特に奏功した主なものの一つは情報のコントロールだったと思う。

情報のコントロールというと、お客さまやマスコミに背を向けるようなものととられそうだが、そうではない。ある哲学にもとづいてコントロールを行ったのだ。

それは、いかにななつ星のブランド力を高めるか、という哲学だ。ななつ星の構想を練りはじめたころから、この哲学に沿って進めるべきだと考えていた。ななつ星のブランド力を高めるのに最も効果的な情報発信はどうしていけばいいのか。情報の内容、発信するタイミングと方法、誰に対して発信するかなどについて考えを巡らしていった。

自分だけでは心もとないので、デザイナーの水戸岡鋭治さん、クルーズトレイン本部次長の仲義雄さん、広報室長の森勝之さんらと相談しながら検討を重ねた。

第一に、情報の発信頻度を高める。

世間に、ななつ星に関する情報をこまめに提供していった。

運行開始の一年半前の二〇一二年五月二八日、博多駅ビルの最上階にある豪華なホールに大々的にマスコミ関係者や観光事業者を集めて、はじめて〝正式に〟「ななつ星 in 九州」の概要を発表した。〝正式に〟と述べたのは、それまでにも〝正式に〟でない情報がときどきマスコミに漏れていたからだ。

「JR九州が近く豪華寝台列車を運行させる模様！」

「九州にオリエントエクスプレスが走る！」

「唐池社長、豪華寝台列車について語る」

というような記事が、複数の新聞に出た。誰が情報を漏らしたのか。社内では特に犯人捜しのようなことにはならなかったが、皆おおよその見当はついていた。誰かが冤罪《えんざい》で濡れ衣を着せられるのもどうかと思い、私は、主だった幹部社員たちに勇気を持って真実を伝えることにした。

「ごめん、漏らしたのは私だ」

〝正式に〟発表するまでに、私自身がこまめに、気に入った記者一人ひとりにななつ星に関する特ダネを流していたのだ。

（全然悪びれていない）

正式発表のあとには、運転開始までの一年半でななつ星関連のプレスリリースだけでも三〇回を超えた。

第二に、情報の発信方法についても、ブランド力を高めるための作戦をとる。

正式発表は、二〇〇人ほど集めた賑やかな会とし、出席者全員に紅茶とケーキを用意し、バイオリンとピアノの生演奏にマジックショーと、演出にも趣向を凝らした。それまで行っていたJR九州の記者発表とはまったく別次元の華やかなものとしたのだ。

当時も今も大人気の「くまモン」と、デザイナーの水戸岡さんと、そして私の三人がステージに上がった。私がマイクを持って水戸岡さんとのトークショーのようなスタイルでプレゼンテーションが進行する。まるで、自分がスティーブ・ジョブズになったような気分だった。

けっこう照れ臭かったし、目立つのもあまり好きなほうじゃないので（嘘をつけ！）、一度は出演を断ったが、次長の仲さんに説得された。

「ななつ星のブランドを高めるためです」

やむなく、仲さんの指示に従ったが、ステージにしばらく立っているとだんだんその気になってきた。というより、病みつきになりそうだった。

それから、何度もプレス発表を重ねたが、毎回バイオリンとピアノは欠かしたことがない。

有料広告は、テレビも新聞も基本的にはしないことにした。ただし、『家庭画報』や『婦人画報』といった、ななつ星のおしゃれで豪華なイメージに合致すると判断した雑誌を二、三選んで半年に一度くらいのペースで広告を出した。

ななつ星関連のポスターとパンフレット類は、駅には一切置かないと決めた。駅長たちは、自分たちでもななつ星をPRしたいと希望したが、この方針は譲れなかった。駅頭にポスターを掲示し、パンフレットを置くことがブランド力を高めるとは思えなかったからだ。駅はあくまでも日常の世界。ななつ星がめざすものは、まったくの非日常の世界だ。

第三に、ななつ星の映像を〝安売り〟しないよう心がけた。

ななつ星の旅の値段も安いものではないが、その映像についても〝安売り〟するのを控えた。

ななつ星の車両の製作が、日立製作所の笠戸工場（山口県下松市）とJR九州の小倉総合車両センター（北九州市）で本格的にはじまったのが、二〇一三年三月。両工場で製作開始のキックオフの会が開かれたとき、集まった職人さんたちに一つのことを要請した。

「皆さん、世界一の列車をつくりましょう。一つだけお願いがあります。製作の作業中は、各自お持ちの携帯電話を持ち込まないでください。今や、ネットに公開してはいけない写真がやたらと流出しています。それは、関係者しか知らない映像が関係者の手で、それも携帯電話で撮影され、関係者の周辺からネットに流れていく。ななつ星は、製作途中の映像は絶対に公開しません。公開しないことが、ななつ星のブランドを高めると思うからです」

映像を公開しないことがブランドを高めるというのは、ななつ星に限って当てはまることかもしれない。

両工場の職人さんたちは、私の非常識な要請を受け入れてくれた。みんな、作業前に自分の携帯を職場の入り口で主任に預けるのが日課となった。

ななつ星の車両が完成し、はじめてプレスにその車両を公開したのが、二〇一三年九月一三日。運航開始まであと一カ月のところで、世間に披露した。

それまでにも、マスコミからはななつ星に関して多くの問い合わせと車両の撮影の要望があったが、断わり続けていた。公開の二週間前に車体の外観と運転設備だけは完成し、しばらく九州内の線路の上を試運転列車として運行していたが、その際も車体の外側を黒いシートで覆っていたから、鏡面のような外観の塗装は誰の目にも触れていない。おかしなもので、車両の映像が世の中にまったく出回らないものだから、マスコミのほうも本物の車両をなんとか他のマスコミよりも早く映像に収め、公にしたいと競争するようになっていく。

見せないと見たくなる。映像がないと撮影したくなる。

ある意味、傲慢ともいえたななつ星の「見せない」戦略は、マスコミから多少の非難を浴びたが、ブランドを高めるという点ではかなり効果的だったといえる。

【その六】ななつ星のサービスには、デジタルを活用したものが見当たらない

現代社会は、デジタルなしに語れない。

ビジネスや生活の隅々《すみずみ》までデジタルが浸透している。パソコン、スマホ、インターネットは

もちろんのこと、自動車や炊飯器にまでデジタルが組み込まれている。確かに便利だ。遠く離れていても、相手の顔を見ながら会話や議論が簡単にできる。スマホを持っていれば、見知らぬ土地でも地図なんかいらない。近い将来、自動車の無人運転も現実なものとなる。

そんな時代なのに、ななつ星の車内ではデジタルを活用したサービスを提供していない。なぜか。ななつ星のサービスに関して、一つの哲学を打ち出したからだ。

ななつ星の運行開始の約一年前、関係の役員、部長、課長らで構成した「ななつ星創造委員会」に出席しているメンバーを前に宣言した。

「ななつ星のサービスは、デジタルではなくアナログ中心にいく」

客室のお客さまとクルーとのコミュニケーションは、できる限りクルーが客室に赴き対面して行うこととした。

ともすれば、客室とクルーの間にＩＴ技術を介して連絡を取り合うほうが、便利で効率的と考えがちだ。たとえば、客室にiPadを備え、お客さまの注文や依頼、質問などをメールで受信。クルーからの客室への連絡はインターホン。そうした一見〝効率的〟な接客は、ななつ星から一切排除することとした。

効率よりも手間をかけることを、優先した。デジタルよりも人間臭いコミュニケーションを、重視した。

「だから、私たちがたいへんなのよ」とクルーから不満のひとつも出てきそうだが、今のところ私の耳には入ってこない。

それよりも、お客さまから一様に、ななつ星のクルーは手間を厭《いと》わずほんとうに身を粉《こ》にして働いている、と評価をいただくことが嬉しい。

客室にはテレビも置いていない。テレビ自体があまりにも日常的すぎるのを嫌ったのだ。ななつ星に乗車されている間だからこそ、テレビのない空間と時間を満喫してもらいたかったのだ。非日常の空間でこそ交わされる会話の時間を、大切にしていただきたい。たとえば、同行するパートナーの新たな一面を発見することになるかもしれない。

ななつ星のテーマの一つは、「新たな人生にめぐり逢う、旅」である。

【その七】人間国宝第一四代酒井田柿右衛門さんは、ななつ星のためにつくった有田焼の洗面鉢を納品して一週間後に逝去された

ななつ星がスタートする一年前の秋、デザイナーの水戸岡鋭治さんが有田を訪ねた。第一四代酒井田柿右衛門さんに会うためだ。一四代とは初対面なので、かなり緊張していたという。

水戸岡さんは、ななつ星をつくるためにヨーロッパの豪華列車の視察を熱心に行った。オリエントエクスプレスに乗車を重ね、車両の内装、料理、サービスなどのリサーチを行った。とりわけ、車両のしつらいに、ラリックのガラス装飾をはじめとしたヨーロッパの伝統的な建築技術や家具が組み込まれていることに大きな衝撃を受けた。

ななつ星を世界一の豪華列車にするためには、このオリエントエクスプレスを超えなければならない。はたして、日本の車両製作技術だけでこれほど圧倒的に豪華で贅沢な空間を創り出せるのか。答えは「ノー」だ。ではどうすれば、ヨーロッパの伝統技術に負けないものができるのか。

悩み抜いた末、有田へ行くことにした。オリエントエクスプレスの車内に配置されているヨーロッパの伝統工芸に勝てるものは、有田焼しかない。有田焼は、古くからヨーロッパの王室や貴族社会で極めて高い評価を受けてきた。その頂点にある柿右衛門家当代に、列車を彩る調度品をつくってもらおう。意を決して、有田の柿右衛門窯にやってきた。

「JR九州は、世界一の豪華列車をつくろうとしています。このままでは、ヨーロッパの豪華列車には勝てません。ぜひとも、先生(一四代)の作品をななつ星に飾らせていただきたい」

一四代は、水戸岡さんの朴訥《ぼくとつ》だけど熱のこもった訴えを、腕組みしたまま黙って聞いていた。ようやく一四代が、重い口を開いた。

「わかりました。やりましょう。これは、私がやらなければいけない仕事です」

水戸岡さんが、ななつ星をつくる過程で最も感激した瞬間だ。感激に浸る間もなく、一四代は一つだけ条件を提案した。

「やきものは飾るだけではだめです。使われてこそやきものが生きてくるのです」

人間国宝の手でつくられた有田焼の洗面鉢が、すべての客室に一鉢ずつ備え付けられることになった。

八カ月後の六月八日、一四の客室に一つの予備を含めて合計一五個の洗面鉢がJR九州に納品された。

直径五〇センチほどの大きな洗面鉢の一つ一つの形や絵柄が違っている。七角形だったり、円形だったり。鯉が泳いでいるのもあれば、花があしらわれているのもある。どれをとっても「気」に満ち溢れていて、圧倒される。

納品から一週間後。一四代は逝去された。ご長男の一五代にうかがったところでは、水戸岡さんがはじめて一四代を訪ねたときには、すでに末期がんに侵されていたそうだ。洗面鉢は、病《やまい》と闘いながらの制作で、最後の力を振り絞ってつくりあげられたものだろう。

ななつ星は、有田焼の最高峰の遺作を受け継いだことになる。

私は、いつもななつ星のお客さまに一四代のことを語る。

「この洗面鉢は、人間国宝第一四代酒井田柿右衛門先生がおつくりになったものです。そして、納品されて一週間後に逝去されました。有田焼の最高の名人の遺作です。それほどの貴重な洗面鉢ですから、間違ってもここで汚れた手を洗うのは控えてください」

たいていのお客さまは、きょとんとされる。ちょっと間をおいて大笑いされる。

「じゃあ、どこで洗えばいいんだ」

と返されたことは、今まで一度もいない。

ななつ星は、一四代の気迫と執念を乗せて今日も元気に、美しい姿で走っている。

私がこのころ学んだこと

- 「気」のエネルギーは、感動というエネルギーに変化する。

「鉄客商売」二三の学び

・学び〈一〉何事も前向きに考える。
・学び〈二〉意気に感じて取り組む仕事は、けっこううまくいく。
・学び〈三〉難局に直面したとき、逃げずに真正面からぶつかっていくと道は必ず開ける。
・学び〈四〉進むべき方向とスケジュールを明確にすると、人は迷わずに行動する。
・学び〈五〉ニメートル以内で語り合うと、互いに心が通じるようになる。
・学び〈六〉「気」に満ち溢れた店は、繁盛する。
・学び〈七〉夢は、組織や人を元気にする。
・学び〈八〉経営方針は、トップが自らの言葉で語る。
・学び〈九〉月次決算書は、現場の責任者が手づくりで作成することに意味がある。
・学び〈一〇〉ネーミングは、徹底的に勉強し、とことん考え抜いてはじめてできるもの。

・学び 一一 現場に行くと、いろいろなことを教わる。

・学び 一二 サービスとコストの両方の最適化が、経営のめざすべきものだ。

・学び 一三 サービス教育の先生役は、鬼に徹するべし。

・学び 一四 店長が最優先すべきことは、司令塔としての職務を全うすることだ。

・学び 一五 何ごとも、すべてを貫く哲学＝コンセプトが大切だ。

・学び 一六 手間をかけ誠実に徹した仕事や商品は、お客さまを感動させる。

・学び 一七 学んだことは、すぐに実践に生かす。

・学び 一八 人を元気にすると、自分も元気になる。

・学び 一九 デザインと物語は、いい仕事には欠かせない。

・学び 二〇 行動訓練は、「気」を集めるための最良の道だ。

・学び 二一 日々の誠実で熱心な練習は、本番で大きな成果をあげる。

・学び 二二 「気」のエネルギーは、感動というエネルギーに変化する。

唐池恒二

あとがき

不思議なことが起こるものだ。

原稿を書き進めていくうちに、どんどん昔の記憶が蘇ってくるのだ。

一〇年も二〇年も前のことなのに、昨日の出来事のように折々のシーンが鮮明な映像として頭の中に浮かんでくる。

文章を書く、というのはこうしたものか。

以前にも、本を出版したことがある。二〇一一年二月に『世界から集客！　JR九州　唐池恒二のお客さまをわくわくさせる発想術』（ぱる出版）を、二〇一四年十月に『やる！　唐池恒二の夢みる力が「気」をつくる』（かんき出版）を、二〇一五年四月に超売れっ子の放送作家、小山薫堂さんとの対談本『実践！　仕事論』（講談社）をそれぞれ上梓した。

この三冊は、表紙に私の名前がでかでかと載り、いかにも私自身が執筆したような誤解を与えるが、対談本はもちろんのこと、いずれも私以外のライターが聞き書き方式で文章にしたものである。

今回は、すべて私自身の書き下ろしとなった。聞き書きのときも、なるべく具体的な事例を丹念に語ったつもりだったが、実際に自分が原稿用紙に向かうと（正しくは、パソコンに向かうとだが）、聞き書きのときよりもはるかに詳細な状況表現ができることに驚いた。当時の何気ない会話のやりとりまで思い出し、映画やドラマを見ているような感覚になる。

繰り返すが、文章を書く、というのはこのような不思議な力を身に付けるものなのか。

ななつ星の食とサービスに大きな影響を与えたのが、七年間の外食事業時代に学んだことだ。

そこで、大赤字だったJR九州の外食事業を再建し、黒字にするまでの道のりを紹介することが、ななつ星を理解してもらうのに役立つだろうと考えた。

外食のことをいざ書き始めると、あのときはあんなことがあった、こんな人にも出会った、そしてどんな会話を交わした、と当時の様子がごく些細な部分まで克明に思い出される。

本のボリュームを、一四、一五章ほどの章立てで二〇〇ページ超とすることで、鬼編集者の染川宣大氏と折り合いがついていた。全体の構成からすると、外食の話はせいぜい二章か三章にまとめなければいけないことになる。折り合いとか約束とかは、極力尊重しなければいけない。

ところが、外食事業再建物語を綴り始めると、折り合いとか約束とかがどこかに飛んでいってしまった。

最初の章を書き終えたときに、頭の中に警報が鳴った。

（一章だけで、七年間の外食時代の中のはじめのたった七日分しか述べていない。このままいくと、三章どころか、三〇〇章くらいになってしまうぞ！）

その後の私の自制心のおかげで、結局、外食時代の話は六章にとどめることができた。それでも、七年間のうちの前半の四年分しか述べていない。

「デザイン&ストーリー列車」についても、短くまとめることに苦心した。面白そうな話を大幅にカットしたあげく、三章分で済ませた。見事だ。

最後に、「ななつ星の七不思議」を書きあげた。ななつ星がこの本のテーマなので、最終章に持ってきたが、字数だけでいくと二章分はあるから許されたい。

ななつ星がなぜ誕生したのか。このことを考えると、私がこれまでいろいろなことを教わってきたたくさんの人たちの顔が浮かぶ。

約三〇年前、JR九州の会社発足直後に半年間、東京の丸井に研修のため出向し、そこで、専務の酒井米明さん、課長の森久行さんと出会ったこと。船舶事業部時代に、韓国鉄道庁営業課長の鄭錫烈（チョン・スクユル）さんと数多く交渉したこと。外食時代に、東京の華都飯店のオーナーで世界的な中華料理研究家の馬へれんさんとの食談議に花を咲かせたこと。東京・赤坂に「うまや」を出店したときにお世話になった歌舞伎役者の市川猿之助（現・猿翁）さんの芝居に懸ける情熱に感激したこと。

こうしたみなさまからたくさんのことを教わり、それがななつ星につながっていった。

今回の本に書き切れなかった話は、いっぱいある。いつか機会があれば、この本の続編を執筆してみようかと思いつつ、このへんで筆をおくとする。

二〇一六年四月

唐池恒二

〈著者紹介〉
唐池恒二（からいけ・こうじ）
九州旅客鉄道株式会社　代表取締役会長

1953年4月2日生まれ。77年、京都大学法学部を卒業後、日本国有鉄道（国鉄）入社。87年、国鉄分割民営化に伴い、新たにスタートした九州旅客鉄道（JR九州）において、「ゆふいんの森」「あそBOY」をはじめとするD&S（デザイン&ストーリー）列車運行、博多〜韓国・釜山間を結ぶ高速船「ビートル」就航に尽力する。また、大幅な赤字を計上していた外食事業を黒字に転換させ、別会社化したJR九州フードサービスの社長に就任。2002年には、同社で自らプロデュースした料理店「うまや」の東京進出を果たし、大きな話題を呼んだ。2009年6月、JR九州代表取締役社長に就任。2011年には、九州新幹線全線開業、国内最大級の駅ビル型複合施設「JR博多シティ」をオープン。2013年10月に運行を開始し、世界的な注目を集めたクルーズトレイン「ななつ星in九州」は、企画立案から自ら陣頭指揮を執った。
（写真／白鳥真太郎）

表紙画、挿画／山口晃
ブックデザイン／bookwall
編集／染川宣大

追　記

4月14日からはじまった熊本地震は、熊本、大分に甚大で深刻な被害をもたらしました。私たちの会社の鉄道や商業施設の一部も大きな損壊を免れませんでした。それ以上に、多数の死傷者や10万人を超える避難者の方々のことを考えると心が痛みました。

そんな状況の中、4月下旬だったこの本の発刊を急遽延期することに決めました。すでに購入予約されていた方や書店のみなさま、もちろんPHP研究所のみなさまにも多大なご迷惑をかけることとなりましたこと、この紙面をお借りしてお詫び申し上げます。

地震発生直後から運行を取りやめていました九州新幹線が、おかげさまで、4月27日から13日ぶりに全線で運転再開となりました。余震が続く中、夜を徹して復旧に当たった社員たちの「鉄道員魂《たましい》」に頭が下がる思いです。

思えば、JR九州の歴史は「逆境から立ち上がってきた」歴史でもあります。困難に直面するたびに、それを乗り越えてきました。そして、乗り越えるたびに会社も社員も強くなってきました。

今回の地震で失ったものはあまりにも大きく、この事実はとても悲しいものです。しかし、私たちはそれを乗り越えてさらに強くなろうと決意しました。JR九州は、九州と日本の躍進をめざして再び立ち上がります。

地震に際し、多くの激励のお言葉をお寄せいただきありがとうございました。

２０１６年５月６日

唐池恒二

鉄客商売
JR九州大躍進の極意

2016年6月7日　第1版第1刷発行
2016年8月12日　第1版第4刷発行

著　者　唐池恒二
発行者　安藤卓
発行所　株式会社ＰＨＰ研究所
京都本部　〒601-8411　京都市南区西九条北ノ内町11
マネジメント出版部　☎075-681-4437（編集）
東京本部　〒135-8137　江東区豊洲5-6-52
普及一部　☎03-3520-9630（販売）
PHP INTERFACE　http://www.php.co.jp/
組　版　朝日メディアインターナショナル株式会社
印刷所
製本所　凸版印刷株式会社

ISBN978-4-569-82919-7

PHPの本

続・道をひらく

松下幸之助 著

身も心も豊かな繁栄の社会を実現したいと願った著者が、日本と日本人の将来に対する思いを綴った116の短編随筆集。『PHP』誌の裏表紙に連載された言葉から厳選。

定価 本体八七〇円（税別）

ＰＨＰの本

［新装版］思うまま

松下幸之助　著

「心を鍛える」「道を定める」「人生を味わう」――。折々の感慨や人生・社会・仕事に寄せる思い240編余りを集めた随想録。明日への勇気と、生きるための知恵を与えてくれる。

定価　本体八七〇円（税別）

PHPの本

指導者の条件

松下幸之助 著

松下幸之助が自らの姿勢を正すために著し、常に座右に置いた一冊。古今の事例から、指導者のあるべき姿を102カ条で具体的に説く。

定価 本体八八〇円（税別）

PHPの本

実践経営哲学

松下幸之助 著

事業経営におけるいちばんの根本は正しい経営理念である——。幾多の苦境、体験の中からつかんだ独自の経営観、経営哲学がわかりやすく説かれた経営者必読の書。

定価 本体四七六円（税別）